# LES RECETTES DE
# LA SUPER SUPÉRETTE

Co-épicières : Lucie de la Héronnière et Mélanie Guéret
Chef de rayon textes : Lucie de la Héronnière
Chef de rayon images et conception graphique : Mélanie Guéret
Photographies : Juliette Ranck
Coordination éditoriale : Audrey Busson
Photogravure : Frédéric Bar
Fabrication : Stéphanie Parlange et Cédric Delsart

© 2013 Tana Éditions
ISBN : 978-2-84567-840-8
Dépôt légal : mai 2013
Achevé d'imprimer en avril 2013 en Espagne

Tana Éditions
16-24, rue de Cabanis – 12, villa de Lourcine
75014 Paris
www.tana.fr

# LES RECETTES DE
# LA SUPER SUPÉRETTE

## 40 GOURMANDISES INSPIRÉES DU SUPERMARCHÉ POUR PETITS ET GRANDS ENFANTS

*Lucie de la Héronnière & Mélanie Guéret*
*Photographies de Juliette Ranck*

Tana
éditions

# ACCUEIL

•

Croqueurs de sablés nappés de chocolat, nostalgiques des crèmes-desserts de la cantine, mangeurs compulsifs de génoises à la marmelade, bien le bonjour ! Amateurs de barres chocolatées, fanas de pâte à tartiner aux noisettes, accros aux brioches fourrées de la récré, bienvenue ici ! Amoureux du flan au caramel à gober, amants du bretzel aux grains de sel et fidèles supporters des boissons lactées, vous tombez bien aussi !

Vous aimez ces douceurs qui remplissent les rayons du supermarché et les placards à goûter… À vrai dire, nous aussi ! C'est pratique, réconfortant, nourrissant et bien souvent régressif. Mais, tout le monde l'aura remarqué en parcourant les étiquettes, certains ingrédients aux noms bizarres ou aux origines inconnues sont parfois peu appétissants…

Et si nous inventions nos propres versions en choisissant exactement ce que nous mettons dedans ? Si nous vous proposions des recettes simplissimes et des réclames de choc pour vous vendre du rêve ? Qu'à cela ne tienne ! Voilà un super défi pour notre Super Supérette !

Nous vous invitons donc à faire un petit tour dans nos rayons pour y découvrir 40 recettes inspirées du supermarché, sans chaînes ni secrets de fabrication. À faire et à refaire à la maison, juste avec des ingrédients simples et bien choisis, des fours normaux et quelques ustensiles. Du *home made* pur et dur, pour réveiller l'âme d'enfant assoupie dans votre estomac de grand !

Bonne visite !

*Lucie & Mélanie, épicières de la Super Supérette*

# DANS NOS RAYONS

•

# LES TRUCS DES ÉPICIÈRES

•

## COMMENT FAIRE UNE BONNE CONFITURE POUR GARNIR VOS GÂTEAUX ?

La base de nos grand-mères : le même poids de sucre et de fruits. À laisser mijoter tranquillement, pour une durée variable selon les fruits. Pour cela, Internet et de fameux livres de recettes sont vos amis !

## COMMENT FAIRE DE JOLIES PÉPITES DE CHOCOLAT ?

Il existe plusieurs techniques, demandant plus ou moins d'huile de coude… Vous pouvez tout simplement couper la tablette de chocolat en mille petits morceaux à l'aide d'un couteau, sur une planche en bois. Vous pouvez aussi mettre des carrés de chocolat dans un sachet et les écraser au rouleau à pâtisserie. Enfin, vous pouvez faire fondre le chocolat tout doucement et le verser dans une poche à douille à embout très fin. Vous formerez des petites gouttes de chocolat bien rondes sur une feuille de papier sulfurisé !

## COMMENT FABRIQUER DU SUCRE VANILLÉ ?

C'est très facile : mettez du sucre roux dans un bocal en verre. Ajoutez une gousse de vanille fendue et coupée en deux. Refermez et attendez que le sucre prenne une chouette saveur ! N'hésitez pas à ajouter d'autres gousses qui auront servi à faire des crèmes ou d'autres recettes, à condition de les laver à l'eau claire et de bien les sécher avant (sinon, ça risque de moisir !). Ceux qui aiment bien voir les petites graines noires de la vanille peuvent aussi évider l'intérieur de la gousse avec la pointe d'un couteau et tout mixer. On en profite pour vous dire qu'on utilise souvent du sucre blond ou roux parce que ça a bon goût et que c'est moins raffiné… Mais ce n'est pas une condition *sine qua non* de la réussite des recettes !

## COMMENT FAIRE FONDRE DU CHOCOLAT ?

Tout doucement ! Pour une jolie couverture pour les biscuits, les barres chocolatées et autres, faites fondre du (bon) chocolat au bain-marie, sans cesser de remuer. Ou bien passez-le au micro-ondes, par tranches de 30 s pour qu'il ne brûle pas, en mélangeant bien entre chaque passage… Pour plus de fluidité (pour enrober les Boulimiques par exemple), vous pouvez ajouter une lichette d'huile de tournesol.

## COMMENT CONSERVER VOS SUPER RÉALISATIONS ?

Les recettes contenant de la crème fraîche (comme la pâte à tartiner !) se conservent seulement pendant quelques jours au réfrigérateur. Les biscuits secs ou au chocolat, mais sans crème, se gardent pendant 1 semaine dans une boîte hermétique.

## COMMENT NAPPER UNE BARRE CHOCOLATÉE ?

Il y a plusieurs écoles ! Soit vous trempez carrément la barre dans la casserole ou le bol de chocolat fondu pour bien l'enrober, avant de la poser délicatement sur une feuille de papier sulfurisé. Cette méthode vous en met plein les doigts (ce qui n'est pas forcément un mal, hein, bande de gros gourmands !) et nécessite un peu plus de chocolat, car la couche sera bien épaisse. Autre école, vous tartinez soigneusement tous les côtés de la barre à l'aide d'un couteau.

## COMMENT MESURER SANS BALANCE ?

Voici quelques équivalences utiles…
1 verre de cantine = 12 cl
1 c. à s. = 1,5 cl = 15 g de sucre en poudre = 12 g de farine
1 tasse à café = 10 cl
1 bol = 35 cl = 220 g de farine

## COMMENT CUSTOMISER LES RECETTES ?

Prenons un exemple, les Pimpants, ces génoises fourrées à l'orange et nappées de chocolat noir. Bon, eh bien, vous savez, on ne vous en voudra pas si vous créez de super adaptations, en mettant de la confiture de framboises ou du chocolat blanc. C'est même recommandé ! Laissez libre cours à votre imagination et tentez des variantes farfelues ! La boisson lactée ne demande qu'à être testée en mille parfums, et les barres chocolatées veulent du nouveau côté fourrage. On compte sur vous pour être imaginatif !

## COMMENT NE PAS GÂCHER LES RESTES ?

Un seul mot d'ordre : soyez créatifs ! Rien ne se perd, tout se transforme ! Il vous reste des blancs d'œufs ? Faites-en des meringues (en battant les blancs d'œufs et en ajoutant petit à petit le double de leur poids en sucre, à cuire au four à 150 °C jusqu'à ce qu'elles blondissent), une omelette aérienne (en ajoutant un ou plusieurs blancs battus aux œufs entiers)… De nombreuses friandises nécessitent des blancs : financiers, tuiles, rochers coco. Il vous reste des chutes de gâteaux ? Faites-en du pudding ou du « gâteau perdu », agrémentez un bol de céréales, rendez gourmand un bol de flocons d'avoine… Il vous reste du chocolat fondu ? Faites-vous un bon chocolat chaud ou des petites crèmes !

### COMMENT S'APPROVISIONNER LOCAL ET DE SAISON ?

Pour manger local, il existe plusieurs solutions comme cultiver son propre potager, aller directement chez un producteur voisin, ou encore les AMAP ou la Ruche qui dit Oui ! Bon, pour le chocolat, on n'a pas encore trouvé de producteurs locaux, alors on essaie d'être vigilantes sur la provenance et de privilégier les circuits responsables et équitables pour les hommes et la planète ! Les étiquettes, quand elles indiquent la provenance, sont de bons indices pour imaginer combien de kilomètres ont parcourus nos braves ingrédients avant d'atterrir dans nos paniers. Pour manger de saison, vous trouverez des tableaux complets sur le Web. Pour les recettes de ce livre, rappelez-vous que les oranges et les citrons se consomment en hiver, les fraises au printemps, les pêches et les tomates en été…

## COMMENT S'ADAPTER SANS PANIQUER ?

Si une pâte vous semble trop sèche par rapport à la consistance souhaitée, ajoutez un peu de lait ou d'eau. Si elle vous semble trop liquide, ajoutez un peu de farine. Trop facile ! Si votre mélange vous semble étrange, surprenant, inattendu… pas de panique. Cuisinez avec la conviction qu'un mélange de bons ingrédients donnera toujours quelque chose de plutôt goûteux (bon, pas forcément beau, avouons-le…) ! Quant à la cuisson… chaque four est différent. Si jamais vous sentez une odeur de brûlé à mi-cuisson, arrêtez tout !

# ÉPICERIE SUCRÉE

# LES BEURRÉS,
## CHOUETTES PETITS-BEURRE À CROQUER DANS UN CHAMP DE BLÉ

Les voici, les voilà, les fameux petits-beurre… En bonne place parmi les rois du goûter, ils sont pleins de blé, et chacun a sa méthode pour les manger… Certains croqueront les bords petit à petit, d'autres préféreront en faire des minisandwichs, tandis que les plus foufous inventeront des recettes complètement foldingues. Une chose est sûre, après la sieste, rien de mieux qu'un petit-beurre pour retrouver la bonne humeur !

Pour 45 biscuits
Préparation : 10 min
Repos : 2 h 30
Cuisson : 10 à 15 min

## INGRÉDIENTS

– 100 g de sucre blond en poudre
– 1 c. à s. de sucre vanillé
– 125 g de beurre salé
– 6 cl de lait (½ verre de cantine)
– 250 g de farine
– ½ sachet de levure

## RECETTE

Faites fondre les sucres, le beurre et le lait dans une casserole. Laissez refroidir pendant 30 min en mélangeant de temps en temps.

Mélangez la farine et la levure dans un saladier, puis ajoutez le mélange fondu refroidi. Travaillez la pâte à la fourchette puis à la main, jusqu'à ce qu'elle soit belle et bien homogène. Si elle est trop collante, ajoutez un peu de farine pour la manipuler. Enveloppez-la dans du film alimentaire et laissez-la au frais pendant au moins 2 h.

Après ce temps, préchauffez le four à 180 °C (th. 6). Farinez un plan de travail et étalez la pâte finement à l'aide d'un rouleau. Découpez des petits-beurre à l'aide d'un emporte-pièce ou d'un couteau ! Vous pouvez même y faire des petits trous, dessiner des lettres, nommer vos biscuits comme bon vous semble. Disposez les biscuits sur une plaque de cuisson recouverte de papier sulfurisé et faites-les cuire au four de 10 à 15 min selon l'épaisseur. Ils doivent être dorés sur les bords et rester assez clairs au centre. Laissez-les refroidir avant de déguster.

# LES PIMPANTS,
## GÉNOISES DU TEATIME RECOUVERTES DE MARMELADE ET DE CHOCOLAT

Une génoise moelleuse, une couche de confiture généreuse… Et, surtout, une fine coque de chocolat bien noir ! On parle ici d'un biscuit multigénérationnel, fin et craquant, à croquer avec une bonne tasse de thé *so british*, en écoutant les Beatles, et avec une superbe robe à pois !

Pour une cinquantaine de biscuits
Préparation : 30 min
Repos : 2 h
Cuisson : 10 min

## INGRÉDIENTS

*Pour la génoise*
– 3 œufs
– 75 g de sucre blond en poudre
– 1 c. à s. de sucre vanillé
– 25 g de farine
– 50 g de fécule de maïs
– ½ sachet de levure
– 1 pincée de sel

*Pour la garniture à l'orange*
– ⅔ de 1 pot de marmelade
  d'oranges (environ 250 g)
– 1 orange non traitée
– 1 g d'agar-agar
– 1 c. à s. de sucre vanillé

*Pour le nappage*
– 200 g de chocolat noir

## RECETTE

*Pour la génoise*
Préchauffez le four à 180 °C (th. 6). Séparez les blancs des jaunes d'œufs. Mélangez les jaunes avec les sucres puis ajoutez la farine tamisée, la fécule de maïs et la levure. Battez les blancs en neige avec la pincée de sel. Incorporez-les très doucement au mélange, soyez délicat, surtout… Faites des disques de pâte, avec 1 c. à c. de pâte pour chacun, sur une plaque recouverte de papier sulfurisé. Faites cuire au four pendant 10 min, jusqu'à ce que la couleur de la génoise soit bien dorée. Démoulez et laissez refroidir.

*Pour la garniture à l'orange*
Mettez la marmelade, le jus de l'orange, l'agar-agar et le sucre vanillé dans une casserole. Faites chauffer à feu moyen. Quand l'ébullition est atteinte, baissez le feu et laissez cuire pendant 1 min en remuant bien. Laissez refroidir le mélange pour que l'agar-agar commence à prendre. Mettez un peu de garniture sur chaque génoise. Laissez prendre au frais pendant 2 h. Allez courir au parc, écoutez l'album bleu des Beatles ou faites une sieste.

*Pour le nappage*
Faites fondre le chocolat au bain-marie ou au micro-ondes. Nappez délicatement les génoises à la marmelade de chocolat à l'aide d'un couteau. Laissez au frais jusqu'à ce que le chocolat durcisse.

**Hey !**
Pour les plus flemmards, on peut aussi mettre directement de la confiture.

# LES ROUBLARDS,
## PALETS BRETONS TOUT RONDS ET CROQUANTS AU BON BEURRE FRAIS

Pas besoin de vivre à Ploërmel pour faire vous-même ces jolis palets. L'important, c'est cette grosse quantité de bon et vrai beurre salé que vous utiliserez. Une forte teneur en matière grasse (de haute qualité !) qui donne à ces palets dorés une texture croquante, presque friable, mais qui laisse un incroyable goût gourmand. À tester illico pour remplir vos placards !

Pour une vingtaine de palets
Préparation : 15 min
Cuisson : 20 min

### INGRÉDIENTS
– 250 g de farine
– 125 g de sucre blond en poudre
– 150 g de beurre demi-sel
– 2 jaunes d'œufs

### RECETTE
Préchauffez le four à 180 °C (th. 6). Mélangez la farine et le sucre dans un saladier. Ajoutez le beurre ramolli et mélangez. Ajoutez enfin les jaunes d'œufs. Pétrissez la pâte afin d'obtenir une boule homogène.

Étaler la pâte à l'aide d'un rouleau à pâtisserie, sur 1 cm d'épaisseur. Découpez des disques à l'emporte-pièce. Faites cuire au four pendant 20 min. Les palets doivent être bien dorés !

**Pense-bête !**
Émiettés, les Roublards seront délicieux pour un crumble improvisé !

# LES PALPITANTS,
## PALMIERS QUI CROUSTILLENT JOYEUSEMENT AU PAYS DU SOLEIL

Avez-vous déjà fait votre propre pâte feuilletée ? Non ? Eh bien, c'est le moment ! C'est bête comme chou et bon comme tout. Et grâce à cette (modeste) prouesse culino-technique, vous savourerez des biscuits au goût de bon beurre, délicatement feuilletés par vos soins, dorés et caramélisés par votre bien aimable four.

Pour une vingtaine de palmiers
Préparation : 30 min
Repos : 55 min
Cuisson : 25 min

## INGRÉDIENTS

*Pour la pâte feuilletée*
– 125 g de beurre
– 200 g de farine + un peu pour fariner le plan de travail
– 1 c. à c. de sel

*Pour les palmiers*
– 1 œuf
– 8 c. à s. de sucre roux en poudre

**Bien sûr !**
Si vous utilisez une pâte toute prête, on ne viendra pas dans votre cuisine pour vous taper sur les doigts… Mais choisissez-la bien !

## RECETTE

*Pour la pâte feuilletée*
Sortez le beurre, découpez-le en petits morceaux et laissez-le à température ambiante pour qu'il ramollisse. Mélangez bien la farine avec 10 cl d'eau et le sel. Formez une boule. Laissez reposer au frais pendant 15 min.

Farinez le plan de travail. Étalez la pâte en carré. Mettez le beurre au milieu. Rabattez les quatre pans de la pâte, comme une enveloppe. Appuyez bien avec les paumes de vos mains et laissez reposer pendant 10 min.

Avec un rouleau à pâtisserie, étalez cette « enveloppe » en forme rectangulaire. Pliez le rectangle en trois, en rabattant les deux côtés. Retournez le tout et tournez la pâte d'un quart de tour. Étalez de nouveau en rectangle et pliez ce rectangle en trois. Laissez reposer pendant 10 min au frais. Recommencez deux fois cette opération.

*Pour l'assemblage*
Préchauffez le four à 180 °C. Étalez la pâte feuilletée en carré au rouleau à pâtisserie. Cassez l'œuf dans un bol. Battez-le à la fourchette. Badigeonnez la pâte d'œuf à l'aide d'un pinceau de cuisine (ou d'un doigt propre), puis saupoudrez de 2 c. à s. de sucre roux.

Repliez le côté gauche du carré vers le centre. Repliez ensuite le côté droit du carré vers le centre. Vous obtenez alors un rectangle… Badigeonnez à nouveau d'œuf et saupoudrez une nouvelle fois de 2 c. à s. de sucre roux. Repliez encore vers le centre et renouvelez l'opération œuf-sucre. Et hop, une dernière fois encore. Vous obtenez donc un boudin.

Découpez ce boudin en tranches de 5 mm d'épaisseur (pour plus de croustillant) ou de 1 cm (pour plus de fondant…). Si le boudin est trop mou pour être découpé, laissez-le reposer au réfrigérateur.

Déposez les palmiers sur une plaque recouverte de papier sulfurisé. Faites-les cuire au four pendant 25 min. Les biscuits doivent être gonflés et bien dorés.

# LES FRINGANTS,
## BÂTONNETS AU CHOCOLAT À GRIGNOTER DU BOUT DES DOIGTS

Vous auriez tous donné votre collection de billes (ou de pogs…) pour un paquet de bâtonnets chocolatés. Allez savoir pourquoi, les adultes adoraient aussi… et gardaient le précieux trésor à des hauteurs inatteignables. Vils personnages… Pour rattraper le temps perdu, fabriquez-vous ces petits délices. L'heure de la revanche a sonné !

Pour une vingtaine de bâtonnets
Préparation : 20 min
Cuisson : 20 min
Repos : 1 h

## INGRÉDIENTS

– 125 g de farine
– 70 g de sucre en poudre
– 70 g de beurre
– 1 jaune d'œuf
– 2 c. à s. de lait
– 200 g de chocolat au lait

## RECETTE

Préchauffez le four à 180 °C (th. 6). Mélangez la farine et le sucre. Ajoutez le beurre ramolli, puis le jaune d'œuf et le lait. Malaxez jusqu'à obtention d'une pâte homogène. Formez des petits boudins de 8 cm environ. Déposez-les sur une plaque recouverte de papier sulfurisé.

Faites-les cuire au four pendant 20 min. Laissez refroidir les biscuits. Faites fondre le chocolat au bain-marie ou au micro-ondes. Trempez les bâtonnets dans le chocolat et déposez-les sur une feuille de papier sulfurisé. Quand ils sont manipulables, laissez-les au frais pendant 1 h.

**Truc !**
Au chocolat blanc, c'est aussi très chouette… Ces bâtonnets peuvent très bien décorer un super gâteau d'anniversaire.

# LES ORGUEILLEUX,
## BISCUITS BLACK AND WHITE QUE LES AMÉRICAINS ADORENT

Ils sont très noirs, très cacaotés, fourrés avec une crème blanche, assez indéfinissable, laiteuse et vanillée. Très appréciés outre-Atlantique, ils le sont aussi par les clients arpentant nos rayons. Petit conseil : trempez-les dans un grand verre de lait froid. Vous vous croirez dans une série américaine pour adolescents, et, surtout, vos papilles crieront *Oh my God !*

Pour 25 biscuits
Préparation : 30 min
Cuisson : 15 min
Repos : 1 h

## INGRÉDIENTS

*Pour les biscuits noirs*
– 160 g de farine
– 50 g de cacao amer
– 125 g de sucre roux en poudre
– 125 g de beurre
– 1 œuf
– ½ c. à c. de sel

*Pour la crème blanche*
– 280 g de sucre glace
– 2 c. à c. d'extrait naturel de vanille
– 4 c. à s. de lait

## RECETTE

Préchauffez le four à 180 °C (th. 6). Mélangez la farine, le cacao, le sel et le sucre. Ajoutez le beurre ramolli. Mélangez du bout des doigts. Ajoutez l'œuf pour finir. Malaxez bien pour obtenir une boule homogène.

Étalez la pâte sur un plan de travail fariné. Découpez des disques à l'aide d'un emporte-pièce ou d'un petit verre. Déposez-les sur une plaque recouverte de papier sulfurisé.

Faites cuire au four pendant 15 min. Pendant que les biscuits refroidissent, préparez la crème blanche en mélangeant à la fourchette le sucre glace, l'arôme naturel de vanille et le lait.

Enfin, prenez 1 biscuit chocolaté et étalez-y une couche de crème à la vanille. Refermez avec un autre biscuit. Faites la même chose avec le reste des ingrédients. Laissez prendre au frais pendant 1 h.

# LES PRESTIGIEUX,
## BISCUITS FOURRÉS POUR LES CHEVALIERS DE LA RÉCRÉ

C'est fatigant de courir pendant toute la récré. De jouer à la balle au prisonnier. De sauver les princes(ses) endormi(e)s. Heureusement, il y a les Prestigieux pour reprendre des forces ! Des biscuits croquants, à la vanille ou au chocolat, à dévisser ou à croquer !

Pour une dizaine de biscuits fourrés
Préparation : 30 min
Repos : 2 h
Cuisson : 15 min

## INGRÉDIENTS

*Pour les biscuits*
– 200 g de farine de blé
– 40 g de farine de seigle
– 110 g de beurre
– 60 g de sucre blond en poudre
– 1 c. à s. de sucre vanillé
– 1 grosse pincée de bicarbonate
– 6 cl de lait (½ verre de cantine)
– ½ c. à c. de sel fin

*Pour 10 biscuits fourrés au chocolat*
– 80 g de chocolat noir
– 80 g de fromage frais,
   type St Môret®
– 20 g de sucre glace

*Ou pour 10 à la vanille !*
– 100 g de sucre glace
– 6 c. à c. de lait
– 6 gouttes d'extrait naturel
   de vanille

**Idée lumineuse !**
Vous pouvez aussi faire un fourrage qui se conservera à température ambiante en faisant simplement fondre du chocolat.

## RECETTE

*Pour les biscuits*
Mélangez les farines et le beurre coupé en petits morceaux dans un saladier. Travaillez du bout des doigts, jusqu'à obtention d'un mélange grumeleux. Formez un puits et mettez-y les sucres, le sel, le bicarbonate et le lait peu à peu. Mélangez le tout rapidement, formez une boule, enveloppez-la dans du film alimentaire et laissez-la reposer au frais pendant au moins 2 h.

Au bout de ce temps, préchauffez le four à 180 °C (th. 6). Étalez la pâte sur environ 3 mm d'épaisseur et découpez-y les biscuits. Vous pouvez utiliser un moule à tartelette crénelé ou même un verre rond en guise d'emporte-pièce. Disposez-les sur une plaque recouverte de papier sulfurisé et piquez-les avec la pointe d'un couteau ou un cure-dent coupé en deux. Faites-les cuire au four pendant 15 min environ en surveillant bien la cuisson. Quand ils ont une jolie couleur dorée, sortez-les du four et laissez-les refroidir sur une grille.

*Pour le fourrage au chocolat*
Faites fondre le chocolat au bain-marie ou au micro-ondes. Ajoutez le fromage et le sucre glace. Mélangez bien.

*Pour le fourrage à la vanille*
Mélangez le sucre glace, le lait et l'extrait de vanille. Le fourrage doit être bien épais et collant. S'il est trop liquide, ajoutez du sucre glace. S'il est trop sec, ajoutez une lichette de lait ! Et si vous voulez faire moit'-moit' choco-vanille, divisez les quantités par deux !

*Pour l'assemblage*
Formez les biscuits en déposant 1 c. à c. de fourrage de votre choix sur le dessous de 1 biscuit, mettez 1 biscuit comme couvercle et appuyez délicatement pour bien étaler le fourrage. Faites de même avec les autres biscuits. Laissez prendre au frais. Comme il y a du fromage et du lait dans le fourrage des biscuits, vous devrez les conserver au frais. Allez les chevaliers, au boulot !

# LES SPIRITUELS,
## JOLIS SABLÉS DE L'EST QUI ONT LE VAGUE À L'ÂME

Ces jolis biscuits ont un petit côté romantique. Avec leur forme de jolie vague, un bon goût sablé et une texture bien croquante, ces douceurs ont de quoi inspirer les poètes adolescents. Là, maintenant, c'est juste l'heure du goûter, et vous avez faim. Pourquoi vous priver ?

Pour une quinzaine de biscuits
Préparation : 25 min
Cuisson : 15 min
Repos : 30 min

## INGRÉDIENTS
*Pour les sablés*
– 120 g de beurre
– 80 g de sucre glace
– 1 c. à s. de sucre vanillé
– 1 œuf
– 200 g de farine
– 1 bonne pincée de bicarbonate de soude
– 2 c. à s. de lait
– ½ c. à c. de sel

*Pour le nappage*
– 100 g de chocolat au lait

## RECETTE
*Pour les sablés*
Préchauffez le four à 160 °C (th. 5-6). Faites ramollir le beurre au micro-ondes, à température ambiante ou à feu très doux. Mélangez-le avec le sucre glace. Ajoutez le sucre vanillé, le sel et l'œuf. Mélangez bien, puis ajoutez la farine et le bicarbonate. Mélangez encore puis allongez un peu la pâte avec le lait. Mettez la pâte dans une poche à douille et formez les biscuits comme des M.

Faites cuire au four pendant 15 min en surveillant la cuisson. Quand ils sont dorés, sortez-les du four. Laissez-les refroidir.

*Pour le nappage*
Faites fondre le chocolat au lait au micro-ondes ou au bain-marie. Recouvrez, à l'aide d'un pinceau, la moitié de chaque biscuit avec le chocolat fondu. Vous pouvez aussi tremper directement chaque biscuit dans le chocolat, mais il faudra en prévoir un peu plus… Laissez refroidir au frais et conservez les biscuits dans une boîte hermétique.

**Génial !**
Vous pouvez aussi garder les Spirituels nature, ou les tremper dans du chocolat blanc ou noir !

# LES BAROUDEUSES,
## MIGNONNES PETITES BARQUES REMPLIES DE CONFITURE

Comme elles sont croquignolettes, ces petites barques ! Elles voguent dans nos rayons comme des jolis bateaux glissant sur les flots. Sauf qu'elles ont l'avantage d'être remplies de confiture ou de toute autre mixture sucrée qui vous fera envie. Pour s'empiffrer au goûter !

Pour 25 petites barques
Préparation : 20 min
Cuisson : 10 min

## INGRÉDIENTS

– 4 œufs
– 100 g de sucre en poudre
– 100 g de farine
– 2 c. à s. de lait
– 140 g de confiture de framboises (si possible faite maison !)
– 1 g d'agar-agar
– 1 pincée de sel

## RECETTE

Préchauffez le four à 180 °C (th. 6). Séparez les blancs des jaunes d'œufs. Battez les jaunes avec le sucre. Ajoutez petit à petit la farine. Continuez à battre, avec le lait pour assouplir.

Montez les blancs en neige avec la pincée de sel. Incorporez-les petit à petit et très délicatement au mélange précédent. Mélangez doucement à l'aide d'une cuillère en bois, jusqu'à ce que le mélange soit homogène.

Répartissez ce mélange dans des moules en forme de barquette ou des moules à madeleine. Il faudra faire plusieurs fournées ! Faites cuire au four pendant 10 min. À la sortie du four, faites un creux au milieu des petites barques en appuyant avec le bout du manche d'un couteau de cuisine.

Laissez refroidir pendant quelques minutes et démoulez. Dans une petite casserole, mettez la confiture, l'agar-agar et 7 c. à s. d'eau. Faites chauffer à feu doux et laissez bouillir pendant 2 min. Remplissez chaque barque d'un peu de ce sirop, qui va se gélifier en refroidissant. Et vogue la galère !

**Oui, oui !**
Vous pouvez remplir les barquettes avec de la simple confiture, du chocolat fondu, de la crème de marrons, de la pâte à tartiner aux noisettes, ou avec une autre de vos confitures de fruits préférées…

# LES TALENTUEUSES,
## PETITES TARTELETTES AU CITRON COMME UN BON GOÛTER CHEZ MAMIE

Une toile cirée, des verres *old school,* une odeur de café fraîchement moulu, un chat qui passe discrètement sous la table, des mots fléchés qui traînent sur le vieux buffet. Voilà planté le décor du goûter chez Mamie. Peu importe si celle-ci cuisinait des quatre-quarts ou des cakes, ces tartelettes au citron ont un goût très prononcé de madeleine de Proust, vous allez voir…

Pour une vingtaine de tartelettes
Préparation : 20 min
Cuisson : 20 min
Repos : 30 min

## INGRÉDIENTS
*Pour la pâte sablée*
– 200 g de farine
– 75 g de beurre
– 1 œuf
– 75 g de sucre blond en poudre
– 1 pincée de sel

*Pour la garniture au citron*
– 3 citrons non traités
– 100 g de sucre blond en poudre
– 1 c. à s. de sucre vanillé
– 2 c. à s. rases de fécule de maïs
– 2 œufs
– 1 noix de beurre

## RECETTE
*Pour la pâte sablée*
Préchauffez le four à 180 °C (th. 6). Mettez la farine et le sel dans un saladier. Faites un puits. Ajoutez le beurre ramolli coupé en morceaux. Mélangez du bout des doigts. Battez l'œuf avec le sucre dans un bol (pour que les cristaux de sucre se dissolvent mieux, cela donne une texture plus lisse), puis ajoutez-le au mélange précédent. Mélangez encore puis formez une boule.

Étalez la pâte finement, découpez-la en disques et mettez-les dans des petits moules. Piquez le fond à la fourchette et faites cuire au four pendant 10 min. Les tartelettes doivent être bien dorées et appétissantes. Démoulez et laissez refroidir.

*Pour la garniture au citron*
Prélevez le zeste de 1 citron (il s'agit de râper la peau, très parfumée, à l'aide d'un petit couteau). Pressez les citrons pour recueillir le jus. Mettez le zeste et le jus dans une casserole. Ajoutez les sucres et la fécule de maïs diluée dans ½ verre d'eau pour éviter les grumeaux. Ajoutez les œufs entiers et mélangez bien au fouet.

Faites cuire à feu doux, portez à ébullition et laissez cuire pendant 2 min, sans cesser de remuer. Hors du feu, ajoutez 1 noix de beurre et laissez refroidir en mélangeant de temps en temps au fouet.

Montez les tartelettes en garnissant les fonds de tarte d'un peu de crème au citron. Laissez prendre au frais. Et bien le bonjour à votre Mamie !

**Malin !**
Vous pouvez aussi garnir ces Talentueuses d'une ganache faite avec 20 cl de crème liquide bouillante versée sur 200 g de chocolat noir coupé en morceaux.

# LES CHARMANTS,
## PETITS GÂTEAUX À L'ORANGE DES VOYAGES AUX SPORTS D'HIVER

Vous rappelez-vous de votre dernière classe de neige ? En 1973 ou en 1996 ? Peu importe. Vous étiez content de quitter enfin vos satanés parents pour aller skier comme un fou furieux avec vos copains. À présent, vous êtes grand, et quoi de plus réconfortant que d'engloutir ces mignons gâteaux à l'orange, très moelleux, ronds et bosselés comme des petites montagnes ?… À vous de les fabriquer !

Pour 35 petits gâteaux
Préparation : 30 min
Cuisson : 15 min
Repos : 1 h

## INGRÉDIENTS

*Pour les biscuits*
– 3 œufs
– 90 g de sucre en poudre
– 90 g de farine
– ½ c. à c. de levure
– 1 pot de marmelade d'oranges (bien choisie ou, mieux, fabriquée par votre tendre grand-mère !)
– 1 pincée de sel

*Pour le glaçage*
– 120 g de sucre glace

## RECETTE

*Pour les biscuits*
Préchauffez le four à 180 °C (th. 6). Séparez les blancs des jaunes d'œufs. Ajoutez la pincée de sel aux blancs, puis battez-les en neige. Quand ils commencent à blanchir, versez petit à petit la moitié du sucre en poudre. Battez-les encore jusqu'à ce qu'ils soient bien fermes.

Battez les jaunes avec l'autre moitié du sucre en poudre. Le mélange doit blanchir légèrement. Ajoutez les blancs tout doucement. Mélangez le tout délicatement. Ajoutez petit à petit la farine et la levure tamisées (c'est très important pour ne pas faire retomber les blancs !). Continuez à mélanger avec légèreté.

Faites des petits tas réguliers de la taille d'une noix sur une plaque recouverte de papier sulfurisé. Enfournez directement et faites cuire pendant 15 min. Les Charmants doivent être bien dorés. Sortez-les et faites-les refroidir sur une grille.

*Pour le glaçage et le garnissage*
Préparez le glaçage en mélangeant le sucre glace avec 3 c. à s. d'eau. Le mélange doit être bien homogène. Coupez 1 biscuit en deux, sans aller jusqu'au bout, comme un petit clapet. Garnissez-le délicatement d'une bonne dose de marmelade. Ensuite, étalez un peu de glaçage sur le dessus. Faites de même avec les autres biscuits. Laissez prendre au frais pendant 1 h, et envolez-vous vers les neiges éternelles !

# LES FIDÈLES,
## SABLÉS FOURRÉS À LA FIGUE POUR LES GOÛTERS D'AUTOMNE

Après une grande balade en forêt, à gambader comme un chevreuil, à ramasser tout et n'importe quoi, à grimper n'importe où, à sauter dans les flaques, voire à se rouler dans la boue, l'enfant que vous êtes toujours aura grand besoin de se requinquer. Avec par exemple ces délicieux sablés fourrés. Une bonne dose d'énergie, au succulent goût de figue !

Pour une trentaine de biscuits
Préparation : 20 min
Cuisson : 20 min

### INGRÉDIENTS
– 250 g de figues sèches
– 170 g de farine
– 1 c. à c. de levure
– 80 g de beurre
– 60 g de sucre roux en poudre
– 1 œuf

### RECETTE

Préchauffez le four à 180 °C (th. 6). Mixez les figues afin d'obtenir une pâte. Roulez cette pâte de figues en boule et réservez-la au frais. Vous pouvez vous fariner les mains pour la manipuler plus facilement.

Ensuite, préparez la pâte sablée : mélangez la farine, la levure, le beurre ramolli et le sucre. Ajoutez l'œuf, malaxez bien afin d'obtenir une pâte homogène. Étalez-la en 2 rectangles d'environ 30 × 15 cm sur un plan de travail fariné.

Sortez la pâte de figues. Roulez-la en 2 boudins d'environ 30 cm, avec à nouveau les mains farinées pour qu'elle ne colle pas trop. Déposez un premier boudin sur un rectangle de pâte.

Roulez la pâte sablée jusqu'à ce que la pâte de figues soit bien recouverte. Roulez encore pour homogénéiser le tout. Aplatissez légèrement le boudin avec la paume de la main, puis coupez des tronçons d'environ 2 cm d'épaisseur. Appuyez sur chaque biscuit avec le dos d'une fourchette, ou avec un pic à brochette, pour faire de jolies rayures.

Faites la même chose avec le reste de la pâte sablée et le reste de la pâte de figues. Déposez les biscuits sur une plaque recouverte de papier sulfurisé. Faites-les cuire au four pendant 20 min. Ils doivent être bien dorés !

**L'astuce des épicières !**
Si les figues sont trop sèches, vous pouvez les réhydrater en les laissant pendant plusieurs heures dans un grand bol de thé, avant de les égoutter soigneusement.

# LES PETITS,
## SABLÉS NAPPÉS DE CHOCOLAT POUR LES FIESTAS D'ANNIVERSAIRE

Oh, la, la ! les heures précédant le goûter d'anniversaire de vos 10 ans, c'était le stress, non ? Avouez ! Vous aviez tanné vos parents pour acheter des petits sablés nappés de chocolat, croquants et ensoleillés… Allez, on est sympa, on vous propose de revivre ce joyeux moment en faisant chez vous ces chaleureux petits biscuits. Ambiance assurée !

Pour une trentaine de biscuits
Préparation : 30 min
Repos : 2 h
Cuisson : 20 min

## INGRÉDIENTS
*Pour les sablés*
– 40 g de noix de coco râpée
– 200 g de farine
– 100 g de beurre
– 40 g de sucre blond en poudre
– 1 c. à s. de sucre vanillé
– 6 cl de lait (½ verre de cantine)
– ½ c. à c. de sel fin

*Pour le nappage*
– 120 g de chocolat noir

## RECETTE
*Pour les sablés*
Mixez la noix de coco râpée pour en faire une poudre bien fine. Mélangez la farine et la poudre de noix de coco dans un saladier. Ajoutez le beurre coupé en petits morceaux. Travaillez du bout des doigts pour ne pas que le beurre chauffe trop, jusqu'à ce que vous obteniez un mélange grumeleux.

Formez un puits et mettez-y les sucres, le sel et le lait peu à peu. Mélangez le tout rapidement, formez une boule, enveloppez-la dans du film alimentaire et laissez-la reposer au frais pendant au moins 2 h.

Ensuite, préchauffez le four à 160 °C (th. 5-6). Sortez la boule du réfrigérateur et étalez-la au rouleau sur une épaisseur d'environ 3 mm. Découpez des disques à l'aide d'un emporte-pièce ou d'un verre de cantine. Déposez ces disques sur une plaque de cuisson recouverte de papier sulfurisé et piquez-les avec la pointe d'un couteau, ou faites une petite déco personnalisée !

Faites cuire au four pendant 20 min. Les biscuits doivent rester assez clairs. Laissez-les refroidir.

*Pour le nappage*
Faites fondre le chocolat au bain-marie ou au micro-ondes. Vous pouvez éventuellement ajouter 1 noix de beurre ou un peu d'huile de tournesol. Nappez le côté lisse des biscuits refroidis (donc le côté qui était contre la plaque) de ce chocolat, au pinceau ou au couteau, ou en trempant directement les biscuits dedans pour les plus téméraires ! Quand le chocolat est refroidi, laissez prendre au frais.

# LES MIGNONS,
## HYPNOTISANTS ROULÉS TOURBILLONNANTS À LA FRAISE

La génoise tourbillonne intensément, dans un moelleux très déconcertant. Ne regardez pas ces petits roulés trop fixement, vous risquez de terminer complètement hypnotisé, comme Mowgli absorbé par les yeux du serpent Kaa dans *Le Livre de la jungle*. Rassurez-vous, ces petits gâteaux ne sont pas dangereux. Juste une version miniature du roulé à la confiture (en puissance dix sur l'échelle de la « mignoncité »), à glisser dans un cartable pour un goûter équilibré.

Pour 6 petits roulés
Préparation : 15 min
Cuisson : 10 à 15 min

## INGRÉDIENTS

– 2 œufs
– 75 g de sucre en poudre
– 75 g de farine
– 2 c. à s. de lait
– Huile
– 6 c. à s. de bonne confiture de fraises (si possible faite maison !)
– 1 pincée de sel

## RECETTE

Préchauffez le four à 180 °C (th. 6). Séparez les blancs des jaunes d'œufs. Fouettez les jaunes avec le sucre dans un saladier. Ajoutez doucement la farine puis le lait. La pâte doit être bien lisse.

Mettez la pincée de sel dans les blancs et montez-les en neige. Ajoutez-les délicatement et en plusieurs fois au mélange précédent. Mélangez doucement à l'aide d'une cuillère en bois.

Déposez une feuille de papier sulfurisé sur une plaque allant au four. Graissez le papier sulfurisé avec du papier absorbant imbibé d'huile pour faciliter le démoulage du roulé. Disposez la pâte sur la plaque, finement et uniformément. Faites cuire au four de 10 à 15 min. La pâte doit être bien dorée, mais pas trop, sinon, il sera impossible de la rouler !

Une fois sortie du four, décollez la pâte du papier et posez cette grande plaque de gâteau sur un torchon propre ou une planche. Étalez-y généreusement de la confiture. Découpez-y des petits rectangles et roulez-les de façon à obtenir des roulés très bien roulés ! Vous pouvez recouper les bords à l'aide d'un couteau bien aiguisé, pour un tourbillon plus net.

*Pack spécial !*
Bien sûr, ces roulés sont déclinables à l'infini !
Vous pouvez les fourrer avec d'autres confitures, du chocolat fondu (noir ou blanc), du beurre de cacahuètes, de la crème au beurre, du *lemon curd*…

# LES DÉLICIEUX,
## GÉNOISES AU CHOCOLAT SUPERSTARS DE LA RÉCRÉ

Prière de s'abstenir de demander des autographes. Veuillez ne pas dépasser les barrières de sécurité. Paparazzi, il est interdit d'enclencher vos appareils. Attention, mesdames et messieurs, voilà une superstar de la récré et du rayon goûter… Une exquise génoise au chocolat, moelleuse à souhait, à croquer voluptueusement ! Et hop, retour à la case marelle !

Pour 10 gâteaux
Préparation : 40 min
Cuisson : 20 min
Repos : 30 min

## INGRÉDIENTS

*Pour la génoise au chocolat*
– 3 œufs
– 75 g de sucre blond en poudre
– 1 c. à s. de sucre vanillé
– 4 c. à s. de lait
– 25 g de farine
– 50 g de fécule de maïs
– 25 g de cacao amer
– ½ sachet de levure
– 1 pincée de sel

*Pour la mousse blanche*
– 200 g de mascarpone
– 50 g de sucre glace
– 2 c. à s. de sucre vanillé

*Pour la couche de chocolat brillant*
– 25 g de cacao amer
– 25 g de sucre glace
– 1 g d'agar-agar
– 10 cl de lait
– 1 c. à c. d'eau-de-vie

*Pour la couverture*
– 150 g de chocolat noir
– 100 g de chocolat au lait

## RECETTE

*Pour la génoise au chocolat*
Préchauffez le four à 180 °C (th. 6). Séparez les blancs des jaunes d'œufs. Mélangez bien les jaunes avec les sucres et le lait. Ajoutez la farine tamisée, la fécule de maïs, le cacao et la levure.

Battez les blancs en neige avec la pincée de sel. Incorporez-les doucement au mélange. Mettez la pâte dans un moule rectangulaire (ou dans un moule rond, mais il y aura des chutes à grignoter !) recouvert de papier sulfurisé ou beurré et fariné. Faites cuire au four pendant 20 min. Laissez refroidir et démoulez. Découpez des rectangles d'environ 5 cm sur 10 cm. Coupez-les en deux pour obtenir deux couches de biscuit.

*Pour la mousse blanche*
Battez le mascarpone au batteur électrique et ajoutez peu à peu les sucres. Prenez un gâteau, tartinez la première couche de biscuit avec la crème au mascarpone. Refermez le gâteau avec la seconde couche et réservez au frais.

*Pour la couche de chocolat brillant*
Mélangez le cacao, le sucre et l'agar-agar dans une casserole. Diluez avec le lait et l'eau-de-vie. Portez à ébullition pendant 1 min, sans cesser de remuer. Étalez au couteau une fine couche de ce mélange sur le dessus des gâteaux et laissez au frais pendant 20 min.

*Pour la couverture*
Faites fondre les chocolats au bain-marie ou au micro-ondes. Nappez ce mélange à l'aide d'un couteau sur les gâteaux montés. Laissez prendre au frais. Pour la décoration, vous pouvez garder un peu de chocolat fondu, le mettre dans une seringue et décorer le dessus de vos gâteaux. À conserver au frais !

# LE SAUVAGE,
## GRAND GÂTEAU À PARTAGER QUI SE PREND POUR UN ZÈBRE

C'est la boum de fin d'année. Vous buvez du soda trop gazeux en boulottant des tas de bonbecs gélatineux. C'est bientôt l'heure des slows. Que faire ? Tenter sa chance ? Rester dans son coin ? Une seule solution : saisissez une part de ce cake choco-vanille joliment marbré, et allez l'offrir à l'élu(e) de votre cœur. Passion assurée !

Pour 1 gâteau
Préparation : 15 min
Cuisson : 35 min

## INGRÉDIENTS

– 4 œufs
– 150 g de sucre en poudre
– 125 g de beurre
– 2 c. à s. de lait
– 150 g de farine
– 1 c. à c. de levure
– 1 c. à c. d'extrait naturel de vanille
– 100 g de chocolat noir
– 1 pincée de sel

## RECETTE

Préchauffez le four à 180 °C (th. 6). Séparez les jaunes des blancs d'œufs. Battez les jaunes avec le sucre. Ajoutez le beurre fondu, le lait, puis la farine et la levure. Répartissez ce mélange dans deux saladiers. Dans le premier, ajoutez l'extrait de vanille. Faites fondre le chocolat à feu doux ou au micro-ondes et versez-le dans le second saladier.

Battez les blancs d'œufs en neige avec la pincée de sel. Répartissez les blancs dans les deux saladiers, incorporez-les délicatement aux pâtes. Pour un gâteau marbré classique, versez une couche de pâte à la vanille puis une couche de pâte au chocolat dans un moule à cake. Renouvelez l'opération. Faites cuire au four pendant 35 min ; les deux couleurs se mélangeront joliment.

Pour un gâteau vraiment zébré régulièrement, suivez ce petit truc : versez la moitié de la pâte à la vanille dans le fond du cake. Lissez bien. Faites cuire au four de 4 à 5 min. Ensuite, versez la moitié de la pâte au chocolat. Lissez encore et faites cuire au four de 4 à 5 min. Renouvelez l'opération jusqu'à avoir quatre couches, puis terminez la cuisson. Normalement, il reste environ 15 min de cuisson !

# LE POLI,
## GÂTEAU À ÉTAGES POUR UN GRAND VOYAGE SOUS LE SOLEIL DE L'ITALIE

Il est très impressionnant, ce gâteau à étages, multigoût et multitexture. Et il n'est pas trop compliqué à réaliser, c'est promis-juré-craché. Allez, lancez-vous, foi d'épicières, vous ne le regretterez pas. Et vous impressionnerez comme jamais vos convives du goûter !

Pour 1 gâteau
Préparation : 40 min
Cuisson : 15 min
Repos : 2 h 30

## INGRÉDIENTS

*Pour les gâteaux*
– 4 œufs
– 200 g de sucre blond en poudre
– 1 c. à s. d'alcool (eau-de-vie
 par exemple)
– 200 g de beurre
– 250 g de farine
– ½ sachet de levure
– 1 c. à s. de sucre vanillé
– 1 c. à s. rase de cacao amer
– 1 c. à c. de lait
– 1 pincée de sel

*Pour la ganache*
– 12 cl de crème liquide
– 150 g de chocolat noir
– 1 c. à c. d'alcool (eau-de-vie
 par exemple)

*Pour la couverture blanche*
– 70 g de fromage frais,
 type St-Môret®
– 1 c. à s. de sucre vanillé
– 2 c. à s. de sucre glace

*Pour la déco*
– 20 g de chocolat noir

## RECETTE

*Pour les gâteaux*
Préchauffez le four à 180 °C (th. 6). Mélangez les œufs, le sucre, la pincée de sel et l'alcool dans un saladier. Ajoutez le beurre fondu, puis la farine et la levure.

Séparez la pâte en deux tiers, un tiers. Ajoutez le sucre vanillé dans la plus grande partie. Ajoutez le cacao en poudre et le lait dans l'autre.

Étalez la pâte à la vanille dans un moule suffisamment grand pour que vous puissiez y découper 2 rectangles (par exemple un moule de 28 × 21 !). Étalez celle au cacao dans un moule moitié plus petit, de sorte que vous ayez la même épaisseur de pâte et que vous puissiez y découper 1 rectangle. Faites cuire au four pendant 15 min. Démoulez les gâteaux soigneusement. Découpez vos rectangles dans chacun d'eux et laissez refroidir.

*Pour la ganache*
Faites chauffer la crème liquide dans une casserole. Coupez le chocolat noir en petits morceaux dans un bol. Versez dessus la crème bouillante. Mélangez jusqu'à ce que le mélange soit bien lisse. Ajoutez l'alcool, mélangez encore et laissez refroidir complètement.

*Pour la couverture blanche*
Mélangez le fromage frais, le sucre vanillé et le sucre glace dans un bol. Laissez reposer au frais.

*Pour le montage et la déco*
Assemblez votre gâteau à étages en alternant gâteau à la vanille et ganache au chocolat, gâteau au chocolat, ganache au chocolat et gâteau à la vanille.

Laissez prendre pendant 30 min au frais, puis recouvrez le dessus avec la couverture blanche. Parsemez de chocolat râpé en copeaux (ou de vermicelles pour les flemmards…). Laissez prendre au frais pendant 2 h. Enfin, découpez les bords à l'aide d'un couteau nettoyé entre chaque coupe, pour obtenir la forme désirée : un rectangle familial ou des petits gâteaux individuels… Conservez au frais.

# LES TURBULENTS,
## BARRES CHOCOLATÉES AU CARAMEL À DÉVORER SANS HÉSITER

Oulalalala, ce biscuit sablé, cette couche de caramel crémeux, cet enrobage au chocolat…
Un goûter diabolique, qui plaît aux chenapans jouant aux billes et aux championnes
de la marelle ! Tentez cette version maison, rien que du *home made,* pour de délicieuses barres
à manger par deux… Ou plus !

Pour une quinzaine de barres
Préparation : 30 min
Cuisson : 1 h 15
Repos : 3 h

## INGRÉDIENTS

*Pour le caramel*
– 50 cl de lait
– 200 g de sucre roux en poudre
– 1 c. à s. de sucre vanillé
– 1 c. à s. de miel
– 3 c. à s. de crème fraîche

*Pour les biscuits*
– 125 g de farine
– 70 g de sucre en poudre
– 70 g de beurre ramolli
– 1 jaune d'œuf
– 1 c. à s. de lait

*Pour l'enrobage*
– 200 g de chocolat au lait

## RECETTE

*Pour le caramel*
Faites bouillir le lait et les sucres dans une casserole. Juste après l'ébullition, baissez le feu. Laissez cuire à feu doux pendant 1 h environ, en remuant toutes les 5 min à l'aide d'une cuillère en bois. Vous devez obtenir une sorte de confiture de lait, crémeuse et légèrement brune. Réservez.

*Pour les biscuits*
Pendant que cette crème caramélisée mijote tranquillement, préparez les biscuits. Préchauffez le four à 200 °C (th. 6-7). Mélangez la farine, le sucre, le beurre et le jaune d'œuf. Ajoutez le lait et mélangez bien pour obtenir une belle boule de pâte. Si elle est trop collante, ajoutez un peu de farine. Si elle est trop sèche, ajoutez un peu de lait.

Étalez-la avec un rouleau à pâtisserie, sur une épaisseur de 1 cm, sur un plan de travail fariné. Découpez-y des barres. Déposez-les sur une plaque recouverte de papier sulfurisé. Appuyez avec le doigt au centre de chaque barre, pour faire une sorte de gouttière qui accueillera le caramel. Faites cuire les biscuits au four pendant 15 min. Ils doivent être bien dorés.

Terminez la préparation du caramel. Reprenez la casserole de confiture de lait. Ajoutez le miel et la crème. Faites cuire à feu moyen en remuant jusqu'à ce que la mixture prenne une couleur caramélisée. Répartissez ce caramel en barrettes sur les barres biscuitées. Laissez reposer au frais pendant 1 h.

*Pour l'enrobage*
Faites fondre le chocolat doucement, au bain-marie ou au micro-ondes. Recouvrez chaque barre de chocolat à l'aide d'un couteau. Vous pouvez aussi y tremper les barres, pour vous lécher les mains une fois l'opération terminée. Déposez-les sur une plaque recouverte de papier sulfurisé. Laissez prendre au frais pendant au moins 2 h.

# LES BOULIMIQUES,
## BARRES CHOCOLATÉES DES PIRATES ÉGARÉS SOUS LES COCOTIERS

Ça vous arrivait de jouer aux pirates ? Parce que, d'après nos sources, ceux-ci ne se nourrissaient pas de poissons grillés et de rhum ambré, mais bien de ces délicieuses barres chocolatées à la noix de coco. À préparer dans votre cuisine, et à emporter sur votre galion imaginaire pour jouer à l'aventure dans des mers agitées et sous les cocotiers.
Ou, plus plausible, à emporter au boulot pour partager avec vos collègues affamés…

Pour 9 barres
Préparation : 20 min
Repos : 5 h

## INGRÉDIENTS
*Pour l'intérieur coco*
– 100 g de noix de coco râpée
– 40 g de sucre blond en poudre
– 3 c. à s. bombées de crème fraîche
  épaisse entière

*Pour l'enrobage*
– 160 g de chocolat au lait

## RECETTE
*Pour l'intérieur coco*
Mélangez la noix de coco, le sucre et la crème fraîche dans un saladier. Travaillez bien le mélange pour que la crème soit bien incorporée.

Formez de petites barres bien compactes avec vos mains. Vous en profiterez ainsi pour vous lécher les mains pleines de noix de coco à la fin, bande de petits malins !

Déposez-les sur du papier sulfurisé et laissez-les reposer au frais pendant au moins 5 h. Cette étape est importante pour que la noix de coco s'imprègne bien de l'humidité de la crème.

*Pour l'enrobage*
Après tout ce temps, vous trépignez sans doute d'impatience… Faites fondre le chocolat au bain-marie ou au micro-ondes. Sortez les barres à la noix de coco du réfrigérateur. Une par une, déposez-les sur une fourchette et plongez-les complètement dans le chocolat fondu. Enlevez l'excédent de chocolat au couteau et disposez les barres sur une feuille de papier sulfurisé. Laissez prendre au frais pour que le chocolat durcisse.

Et voilà, c'est l'amour à la plage, hahoutchatchatcha ! Vos barres coco-choco se conserveront mieux au réfrigérateur. Eh oui, car il y a de la crème dedans ! Un petit moment au congélateur, c'est aussi une bonne idée pour les déguster bien fraîches.

# LES BALÈZES,
## BARRES AUX AMANDES ET AU MIEL POUR ENFANTS TRÈS COSTAUDS

Pour le grand cross annuel, mangez des pâtes la veille, buvez beaucoup d'eau (pas de soda !), n'oubliez pas vos baskets et… prenez de quoi grignoter et (re)prendre des forces. Comme par exemple ces délicieuses barres à la crème aux amandes, pour enfants sacrément balèzes qui courent très vite. Ouvrez le placard à goûter, glissez ces douceurs dans votre sac à dos de grand sportif, et à vous les médailles d'or !

Pour une vingtaine de barres
Préparation : 40 min
Repos : 3 h
Cuisson : 15 min

## INGRÉDIENTS
*Pour le biscuit*
– 75 g de farine blanche
– 75 g de farine complète
– 40 g de sucre blond en poudre
– 50 g de flocons d'avoine
– 75 g de beurre
– 1 œuf
– 2 bonnes pincées de sel

*Pour la garniture blanche*
– 50 g d'amandes
– 125 g de fromage frais, type St-Môret®
– 1 petite c. à s. de miel liquide
– 2 c. à s. de sucre glace

*Pour l'enrobage*
– 150 g de chocolat au lait

## RECETTE
*Pour le biscuit*
Mélangez les farines, le sucre, les flocons d'avoine préalablement hachés (un petit coup au mixeur !) et le sel. Ajoutez le beurre fondu, l'œuf et pétrissez bien jusqu'à ce que la pâte soit homogène. Formez une boule, enveloppez-la de film alimentaire et laissez-la au réfrigérateur pendant 2 h.

Préchauffez le four à 180 °C (th. 6), sortez la boule de pâte du réfrigérateur et étalez-la au rouleau sur moins de 1 cm d'épaisseur. Découpez des rectangles d'environ 2 cm sur 7 cm au couteau. Formez une « gouttière » sur la longueur, avec une baguette japonaise par exemple. Piquez le fond du biscuit, dans la gouttière, avec la pointe d'un couteau.

Faites cuire les biscuits pendant 15 min, jusqu'à ce qu'ils soient d'une jolie couleur. Laissez-les refroidir.

*Pour la garniture blanche*
Pendant ce temps, broyez les amandes au mini-hachoir ou au pilon pour en faire des éclats très fins. Mélangez le fromage frais, le miel, les éclats d'amandes et le sucre glace dans un bol.

Quand les biscuits sont complètement refroidis, déposez 1 petite barrette de cette crème blanche sur chaque biscuit et réservez au frais pendant au moins 1 h. La crème va « sécher » un peu.

*Pour l'enrobage*
Faites fondre le chocolat au lait au bain-marie ou au micro-ondes, puis enrobez les biscuits à la crème à l'aide d'un pinceau ou trempez-les directement dans le chocolat ! Laissez prendre les barres sur une feuille de papier sulfurisé. Une fois le chocolat complètement refroidi, un petit tour au réfrigérateur… et vous êtes prêt pour courir jusqu'au bout du monde ! Conservez vos Balèzes bien au frais.

# LES GRACIEUSES,
## BARRES CROUSTILLANTES AUX POMMES, SPÉCIAL RETOUR DE PISCINE

Ces barres-là, réputées pour leur excellent apport énergétique, sont spécialement réservées aux retours de piscine, aux séances d'escalade, aux compétitions de judo, aux matchs de volley et aux entraînements de gym. La version *home made* fera un malheur dans les sacs de sport, un petit bout de réconfort entre le vieux jogging et les baskets puantes ! Pour ceux que le sport rebute, allez… vous y avez quand même droit !

Pour 16 barres
Préparation : 15 min
Cuisson : 35 min
Repos : 2 h

## INGRÉDIENTS
*Pour le mélange pommes-céréales*
– 20 g de pétales de maïs
– 120 g de flocons d'avoine
– 20 g de riz soufflé
– 1 pomme acidulée non traitée

*Pour le caramel au beurre*
– 120 g de sucre roux en poudre
– 1 c. à c. de vinaigre blanc
– 75 g de beurre
– 1 pincée de sel

## RECETTE
Préchauffez le four à 180 °C (th. 6).

*Pour le mélange pommes-céréales*
Écrasez un peu les pétales de maïs dans un saladier (avec le fond d'un verre par exemple). Ajoutez les flocons d'avoine, le riz soufflé, ainsi que la pomme coupée en tout petits dés.

*Pour le caramel au beurre*
Mettez le sucre, le vinaigre et 2 c. à s. d'eau dans une casserole. Mélangez et mettez sur feu très doux. À partir de ce moment, ne touchez pas le caramel, faites tourner la casserole si vous voulez mélanger. Laissez prendre pendant quelques minutes (n'attendez pas que ça sente le brûlé !). Une fois que le caramel est pâteux, ajoutez le beurre coupé en morceaux et le sel. Mélangez bien, remettez sur le feu pour que le beurre fonde et laissez cuire pendant quelques instants après l'ébullition.

*Pour l'assemblage*
Versez à présent le caramel sur le mélange pommes-céréales. Mélangez longuement pour que les céréales soient bien imprégnées de caramel.

*Pour la cuisson*
Déposez ce mélange dans des moules à financier et tassez bien. Faites cuire au four environ 20 min, jusqu'à ce que les barres aient une jolie couleur dorée. Laissez-les prendre 2 h avant de les démouler. Elles vont se solidifier en refroidissant. Et voilà, la barre est dans le sac !

# LES PÉTILLANTS,
## BISCUITS PLEINS DE CÉRÉALES DES PETITS MATINS PRÉCIPITÉS

Vite, viiiite! Pas le temps ce matin, les aiguilles tournent à toute allure, tout le monde est en retard, ça crie, ça pleure, ça s'arrache les cheveux! C'est sans doute le jour idéal pour sortir la solution de secours, l'alternative à la traditionnelle – mais néanmoins excellente – tartine de confiture: le biscuit aux céréales et aux pépites de chocolat, spécialement fabriqué par vos soins pour les matins précipités.

Pour une quinzaine de biscuits
Préparation: 15 min
Cuisson: 10 min

## INGRÉDIENTS

– 70 g de farine complète
– 50 g de farine de seigle
– 25 g de farine blanche
– 50 g de sucre en poudre
– 1 c. à s. de sucre vanillé
– 30 g de flocons d'avoine
– 75 g de beurre
– 2 c. à s. de miel
– 1 c. à s. de lait
– 100 g de chocolat noir

## RECETTE

Préchauffez le four à 180 °C (th. 6). Mélangez les farines, les sucres et les flocons d'avoine dans un saladier. Faites fondre le beurre et le miel à feu doux. Ajoutez au mélange sec ce mélange beurre-miel ainsi que le lait. Malaxez le tout pour former une boule. Si elle est trop sèche, ajoutez un peu d'eau.

Cassez le chocolat en pépites grossières à l'aide d'un couteau. Intégrez ces pépites à la pâte.

Formez des petits boudins de pâte. Déposez-les sur une plaque recouverte de papier sulfurisé. Appuyez sur chaque boudin pour obtenir un biscuit ovale. Faites cuire au four pendant 10 min. Les biscuits doivent être bien dorés, et donner envie de se réveiller le matin!

**Youpi!**
Vous pouvez ajouter des morceaux d'abricots secs, d'amandes ou encore de pistaches…

# LE NOSTALGIQUE,
## PÂTE À TARTINER PRÉFÉRÉE DES ÉCUREUILS ET DES ENFANTS

Ah, voilà un produit vraiment culte ! Une pâte à tartiner choco-noisettes qui ne laisse personne indifférent. Les petits et grands enfants ont soit une réaction de rejet absolu, soit – et c'est plus courant – une adoration sans bornes, effrénée, passionnée, fusionnelle pour ce goût unique, cette texture incomparable… Testez donc notre version, au bon goût de noisettes. À tartiner joyeusement !

Pour un gros pot
Préparation : 10 min
Cuisson : 5 min
Repos : 4 h

## INGRÉDIENTS
– 20 cl de crème semi-épaisse
– 200 g de chocolat au lait
– 120 g de sucre en poudre
– 1 c. à s. d'huile de colza
– 125 g de poudre de noisettes

## RECETTE
Mettez la crème, le chocolat cassé en morceaux, le sucre et l'huile dans une casserole. Faites chauffer à feu doux jusqu'à ce que le mélange soit homogène. Ajoutez la poudre de noisettes. Ôtez du feu.

Si vous souhaitez une texture plus lisse (mais ce n'est pas obligatoire, le côté granuleux de la poudre de noisettes est bien bon et donne un joli côté rustique à la pâte à tartiner), vous pouvez mixer le mélange au mixeur plongeant.

Ensuite, versez la pâte à tartiner dans un ou plusieurs pots (préalablement ébouillantés pour une meilleure conservation !) et laissez prendre au frais pendant au moins 4 h avant de vous faire des tartines ! Conservez-la au frais pendant 3 ou 4 jours…

**2 pour le prix d'1 !**
En remplaçant les noisettes par des amandes en poudre, ce sera tout aussi délicieux !

•

# VIENNOISERIE

•

# LES PITCHOUNETS,
## BRIOCHES FOURRÉES QU'ON SORT DE SA POCHE À LA RÉCRÉ

Rappelez-vous… Vous aviez 8 ans et vous attendiez avec impatience la pause de 10 h pour soulager votre fringale. Et là, vous dégainiez de votre poche, tel un cow-boy de la cour de récré, votre brioche fourrée au chocolat ou à la confiture. Parfois même, vous partagiez votre butin sucré en rougissant, pour séduire l'élu(e) de votre cœur. Aujourd'hui, vous êtes tellement grand(e) et fort(e) que vous pouvez même fabriquer des brioches fourrées chez vous. Et ça, c'est la classe !

Pour 6 brioches fourrées
Préparation : 20 min
Repos : 1 h
Cuisson : 15 min

## INGRÉDIENTS
*Pour la brioche*
– 20 cl de lait
– 1 sachet de levure
  de boulanger
– 50 g de beurre
– 50 g de sucre en poudre
– 350 g de farine
– ½ c. à c. de sel

*Pour la garniture*
– ½ pot de confiture d'abricots
  (ou d'un autre fruit)

*Pour la dorure*
– 1 jaune d'œuf

## RECETTE
*Pour la brioche*
Faites tiédir le lait au micro-ondes ou à feu doux. Versez le sachet de levure de boulanger dans ce lait tiédi. Faites fondre le beurre tout doucement, dans une casserole ou au micro-ondes. Ajoutez-y le sucre.

Versez la farine dans un saladier. Ajoutez le lait, le beurre sucré et le sel. Mélangez un peu à la fourchette, puis à la main. Pétrissez la pâte jusqu'à ce qu'elle soit homogène. Si elle est trop collante, ajoutez un peu de farine. Si elle est trop sèche, ajoutez un peu de lait. Couvrez d'un torchon propre, et laissez monter (si possible dans un endroit tiède) pendant 30 min.

*Pour la garniture*
Placez une feuille de papier sulfurisé sur une plaque à four. Façonnez des pâtons, appuyez bien au milieu de chacun d'eux pour obtenir des ovales. Au milieu de ceux-ci, déposez 1 trait de confiture. Refermez les côtés de chaque ovale, en soudant bien, de façon à former des briochettes ayant une bonne tête de pain au lait. Laissez monter au chaud pendant encore 30 min.

*Pour la cuisson*
Préchauffez le four à 200 °C (th. 6-7). Avec un pinceau de cuisine (ou un doigt propre), badigeonnez les briochettes de jaune d'œuf. Faites cuire au four pendant 15 min. Croquez ces brioches fourrées, à sortir de sa poche à la récré sans état d'âme, au petit déj' ou au goûter…

**Petit plus !**
Vous pouvez bien sûr remplacer la confiture par 1 trait de chocolat fondu, de la confiture de lait ou carrément une barre de chocolat entière ! Laissez-vous aller !

# LES CRÉPITANTES,
## CRÊPES FOURRÉES AU CHOCOLAT VRAIMENT TROP OUF

Elles sont ouf, elles sont bonnes, elles sont au top pour un goûter sur le pouce, entre
les milliards d'activités d'un gamin normalement constitué ou d'un adulte overbooké.
Faites-les sauter comme de petites folles, et glissez-les dans votre cartable d'écolier / sacoche
de travailleur / serviette de jeune cadre dynamique / sac à main de wonderwoman hyperactive.
Et vous serez sûr(e) de partir du bon pied !

Pour 12 crêpes fourrées
Préparation : 15 min
Repos : 1 h
Cuisson : 2 min pour chaque crêpe

## INGRÉDIENTS

*Pour les crêpes*
– 250 g de farine
– 1 c. à s. de sucre vanillé
– 2 œufs
– 1 c. à s. d'huile
– 50 cl de lait
– 1 pincée de sel

*Pour la garniture*
– 50 g de chocolat noir
– 50 g de pralinoise
– 10 cl de crème liquide

## RECETTE

*Pour les crêpes*
Mettez la farine et le sucre vanillé dans un saladier. Faites un puits. Ajoutez
les œufs entiers, l'huile, le sel et un peu de lait. Mélangez énergiquement
au fouet et ajoutez le reste du lait peu à peu. Laissez reposer pendant 1 h.
Faites cuire les crêpes dans une poêle bien chaude, préalablement huilée. Et
n'oubliez pas d'en faire sauter quelques-unes ! Réservez les crêpes en pile sur
une assiette.

*Pour la garniture*
Coupez les chocolats en petits morceaux dans un bol. Faites chauffer la
crème liquide et versez-la, encore brûlante, sur le chocolat. Mélangez bien
pour le faire fondre complètement. Laissez refroidir pour que la ganache au
chocolat durcisse un peu.

*Pour l'assemblage*
Disposez 1 crêpe sur une assiette, déposez 1 trait (plus ou moins épais selon
votre degré de gourmandise) de ganache au chocolat à la verticale. Pliez le
haut et le bas de la crêpe pour faire un rectangle. Repliez autour du chocolat
pour former un tube. Faites de même pour les autres crêpes, et bon appétit !

# LES DOUCES,
## BRIOCHES AUX PÉPITES À ENGLOUTIR À LA SONNERIE DE 16 H 30

Sonnerie ou clap de fin, c'est le point final d'une harassante journée d'école passée à réfléchir, lire, apprendre, compter, papoter, faire des bêtises… Une fois de plus, ça mérite bien un bon goûter : ces moelleuses brioches aux pépites de chocolat. Lancez-vous dans la fabrication, 100 % *home made !*

Pour 12 briochettes
Préparation : 25 min
Repos : 4 h
Cuisson : 20 min

## INGRÉDIENTS

*Pour les briochettes*
– 20 g de levure fraîche
  de boulanger
– 15 cl de lait
– 120 g de beurre
– 300 g de farine
– 30 g de sucre blond en poudre
– 1 c. à s. de sucre vanillé
– 1 œuf
– ½ c. à c. de sel

*Pour les pépites de chocolat*
– 100 g de chocolat noir

*Pour la dorure*
– 10 cl de lait
– 1 c. à s. de sucre blond en poudre

## RECETTE

*Pour les briochettes*
Délayez la levure dans 5 cl de lait tiède. Faites fondre le beurre et mélangez-le avec le lait restant. Mélangez la farine, les sucres et le sel dans un saladier. Faites un puits et ajoutez-y les deux mélanges précédents. Commencez à mélanger, puis ajoutez l'œuf battu. Mélangez bien jusqu'à obtention d'une pâte lisse. Recouvrez le saladier d'un torchon propre et laissez gonfler pendant 2 h dans un endroit tiède.

*Pour les pépites de chocolat*
Pendant ce temps, coupez le chocolat en jolies pépites.

*Pour l'assemblage et la cuisson*
Revenons à nos moutons. Au bout de 2 h de repos, retravaillez la pâte pour l'aérer et incorporez-y les pépites de chocolat. Formez à présent de petites boules bien espacées sur une plaque à four recouverte de papier sulfurisé et laissez reposer pendant encore 2 h. Préchauffez le four à 180 °C (th. 6). Faites cuire au four pendant 20 min. À mi-cuisson, au bout de 10 min donc, badigeonnez le dessus des briochettes du mélange lait-sucre.

Sortez les briochettes du four. Laissez-les refroidir avant de tout engloutir, malgré la délicieuse odeur qui embaume la cuisine.

# LES MAGIQUES,
## JOLIES MADELEINES POUR UN GOÛTER TOUT EN BEAUTÉ

Oh, c'est l'heure du thé ! *It's teatime, my dear !* Allez, faites bouillir de l'eau, sortez le service
de jolies tasses fleuries, votre meilleur thé… et préparez ces madeleines adorablement
bosselées. Un peu nostalgiques, très appréciées, savoureuses à la folie. À tremper dans votre thé
bouillant ou votre verre de lait frais… Pour un goûter joli et raffiné !

Pour 20 madeleines
Préparation : 10 min
Repos : 1 h
Cuisson : 10 min

## INGRÉDIENTS
– 150 g de beurre demi-sel
– 2 c. à s. de miel liquide
– 3 œufs
– 150 g de sucre en poudre
– 150 g de farine
– 1 c. à c. de levure chimique
– 2 c. à s. d'eau de fleur d'oranger

## RECETTE
Faites fondre doucement le beurre et le miel. Cassez les œufs dans un saladier. Ajoutez le sucre. Battez le tout jusqu'à ce que le mélange blanchisse.

Ajoutez la farine et la levure, puis le mélange beurre-miel. Mélangez bien
et versez enfin l'eau de fleur d'oranger. Laissez reposer au frais pendant au
moins 1 h.

Préchauffez le four à 250 °C (th. 7-8). Remplissez des moules à madeleine
aux deux tiers, et remettez votre saladier de pâte au frais. Faites cuire au four
pendant 4 min. Puis continuez la cuisson à 180 °C pendant 6 min. Magique,
une jolie bosse se forme ! Sortez les madeleines du four, laissez refroidir
quelques minutes et démoulez. Faites la même chose avec le reste de la pâte.

**Super affaire !**
Pour les plus gourmands,
vous pouvez tremper
ces Magiques dans du chocolat
fondu pour former une coque
croquante.

# ÉPICERIE SALÉE

# LES MALINS,
## KIT APÉRITIF INCONTOURNABLE POUR RECEVOIR LE SAMEDI SOIR

Youpi, youplala, vos parents étaient enfin partis dîner ! Vous aviez même l'autorisation exceptionnelle d'inviter vos copains appareillés du collège, avec permission de minuit. Au programme, films sur le magnétoscope… et ramequins de gâteaux à apéro ! La grosse teuf, quoi. Grâce à ce kit apéritif, vous pourrez à nouveau animer vos samedis soir avec brio : triangles aux graines, hexagones au bacon, carrés au fromages et minipizzas… Bonne soirée.

Pour 4 petits bols de biscuits salés
Préparation : 30 min
Repos : 2 h 30
Cuisson : 10 à 15 min

## INGRÉDIENTS

*Pour la base*
– 100 g de beurre
– ½ c. à c. de sucre en poudre
– 6 cl de lait (½ verre de cantine)
– 200 g de farine
– ½ c. à c. de bicarbonate de soude
– 2 bonnes pincées de sel

*Pour les triangles aux graines*
– 1 c. à c. de graines de sésame
– 1 c. à c. de graines de pavot
– 1 bonne pincée de poivre

*Pour les hexagones au bacon*
– 50 g de bacon

*Pour les carrés au fromage*
– 50 g de fromage râpé

*Pour les petites pizzas*
– 1 c. à c. d'herbes de Provence
– 1 tomate
– 1 c. à s. de sucre en poudre
– Quelques pincées de fromage râpé
– 1 bonne pincée de sel

## RECETTE

Faites fondre le beurre, le sucre, le sel et le lait dans une casserole. Laissez refroidir pendant 30 min en mélangeant de temps en temps. Mélangez la farine et le bicarbonate dans un saladier, puis ajoutez le mélange fondu refroidi. Travaillez la pâte à l'aide d'une cuillère en bois ou à la main, jusqu'à ce qu'elle soit bien homogène. Si elle est trop collante, vous pouvez ajouter un peu de farine. Séparez ensuite la pâte en quatre.

Dans la première partie de pâte, ajoutez les graines de sésame, de pavot et le poivre. Malaxez bien. Dans la deuxième, ajoutez le bacon préalablement mixé. Dans la troisième, ajoutez la moitié du fromage râpé (râpé maison de préférence, car ça fondra mieux !) et malaxez bien. Dans la dernière, ajoutez un mélange d'herbes de Provence.

Enveloppez les pâtes dans du film alimentaire et laissez-les au frais pendant au moins 2 h. Sortez-les du réfrigérateur avant de les travailler pour qu'elles ramollissent un peu.

Ensuite, préchauffez le four à 180 °C (th. 6). Étalez chacune des pâtes au rouleau et découpez-y des formes (des triangles, des disques, des hexagones, des carrés ou toute autre forme qui vous fera plaisir !). Disposez toutes vos jolies formes sur une plaque recouverte de papier sulfurisé.

Ajoutez le restant de fromage râpé sur les carrés au fromage.

Pour les petites pizzas, faites une sauce tomate rapide : ébouillantez la tomate dans de l'eau chaude de 3 à 4 min, pelez-la, écrasez-la dans une casserole avec le sucre et le sel, laissez mijoter jusqu'à ce que l'eau soit bien évaporée et que vous obteniez une purée. Disposez alors un petit peu de sauce tomate sur les disques de pâte aux herbes de Provence et ajoutez 1 pincée de fromage râpé sur chacun.

Faites cuire au four de 10 à 15 min, puis laissez refroidir vos biscuits à apéritif sur une grille. Bonne soirée, les copains !

# LES BREDOUILLANTS,
## BRETZELS SALÉS POUR L'APÉRO DE GUNTHER, LUDWIG ET LES AUTRES

Jolis, croquants, bien dorés, avec un léger air alsacien, ils remplissent les bols de votre apéro entre copains. Ils vous attendent sagement dans notre rayon épicerie salée… Ils sont mini, ils sont mignons. Et trop bons, les petits grains de sel ! À servir avec une grande bière très fraîche à vos copains d'outre-Rhin.

Pour une vingtaine de minibretzels
Préparation : 15 min
Repos : 1 h 20
Cuisson : 30 min

## INGRÉDIENTS
– 40 g de beurre
– 1 sachet de levure de boulanger
– 160 g de farine
– 2 pincées de bicarbonate
  de soude
– 1 jaune d'œuf
– Fleur de sel ou gros sel
– ½ c. à c. de sel fin

## RECETTE
Faites fondre le beurre au micro-ondes ou à feu très doux. Mélangez 5 cl d'eau tiède avec le sachet de levure de boulanger. Laissez reposer pendant 5 min. Mettez la farine dans un saladier. Ajoutez-y cette eau tiède à la levure, le beurre et le sel fin. Malaxez bien afin d'obtenir une pâte homogène. Ajoutez un peu d'eau si elle est trop sèche.

Couvrez d'un torchon propre et laissez monter dans un endroit chaud pendant 1 h. Prenez une grosse noisette de pâte, faites-en un boudin fin d'environ 10 cm. Repliez les extrémités vers le centre de façon à former un minibretzel. Déposez-le sur une assiette.

Façonnez les autres bretzels avec le reste de la pâte. Laissez reposer pendant 15 min. Faites bouillir de l'eau dans une grande casserole avec le bicarbonate. Faites-y cuire les bretzels pendant 2 min environ. Ils doivent remonter à la surface et avoir un peu durci. Sortez-les de l'eau à l'aide d'une écumoire. Laissez-les s'égoutter dans une passoire.

Préchauffez le four à 200 °C (th. 6-7). Couvrez une plaque à four de papier sulfurisé. Déposez-y les bretzels. Badigeonnez-les de jaune d'œuf. Parsemez-les de gros sel ou de fleur de sel. Faites cuire au four pendant 30 min. Laissez refroidir, et sortez vos bières !

Chic !
Vous pouvez aussi parsemer les minibretzels de graines de sésame, de graines de pavot…

# LES PASSIONNÉ(E)S,
## TORTILLAS CRAQUANTES ET GUACAMOLE POUR UNE BAMBA JOYEUSE

Vous aviez quitté l'enfance depuis longtemps quand vous achetiez des tortillas de maïs bien croquantes, un pot de guacamole et une bouteille de tequila, pour vous rendre à vos soirées d'étudiants. D'ailleurs, vous le faites peut-être encore, même si vous n'êtes plus étudiant… Sauf que, maintenant, vous êtes capable de fabriquer tout cela vous-même !

Pour un grand bol de tortillas
et un grand bol de guacamole
Préparation : 30 min
Cuisson : 15 min

## INGRÉDIENTS
*Pour les tortillas*
– 100 g de farine de maïs
– 100 g de farine de blé
– 6 c. à s. d'huile de colza
– Piment doux
– 1 c. à c. de sel

*Pour le guacamole*
– 2 avocats bien mûrs
– 1 tomate
– 1 petit oignon
– 1 citron
– Piment doux
– Paprika
– Sel et poivre

## RECETTE
*Pour les tortillas*
Préchauffez le four à 180 °C (th. 6). Mélangez la farine de maïs, la farine de blé, l'huile, 6 c. à c. d'eau, le sel et 1 c. à c. de piment doux. Pétrissez la pâte jusqu'à obtention d'une boule homogène. Ajoutez un peu d'eau si la pâte est trop sèche.

Recouvrez une plaque à four de papier sulfurisé. Mettez un peu de farine de maïs sur le plan de travail. Étalez finement la pâte avec un rouleau à pâtisserie. Découpez-y des triangles et déposez-les sur la plaque. Faites cuire au four pendant 15 min. À la sortie du four, saupoudrez de piment doux. Laissez refroidir.

*Pour le guacamole*
Coupez les avocats en deux, enlevez les noyaux, retirez la pulpe et mettez-la dans un bol. Écrasez bien la pulpe à la fourchette. Ajoutez la tomate coupée en dés, l'oignon épluché et coupé en très petits dés et le jus du citron. Mélangez bien à la fourchette. Salez et poivrez. Ajoutez du piment doux et du paprika selon votre goût. Réservez au frais.

Servez les tortillas avec un bol de ce généreux guacamole, et un peu de musique du soleil, pour une bamba joyeuse !

**Attention !**
La farine de maïs n'est pas la même chose que la fécule de maïs ! Elle est jaune, et on la trouve souvent dans les magasins bio.

# LES SYMPATHIQUES,
## GRESSINS CROQUANTS ET HOUMOUS AU BON GOÛT DE « REVIENS-Y »

Que choisir pour l'apéro ? Dilemme cornélien du samedi soir. Plutôt tzatziki ou rillettes de thon ? Nous allons vous aider à trancher, avec ce houmous fait maison, onctueux et bien parfumé. À déguster avec du pain, des blinis, ou ces gressins ultra-faciles à fabriquer, pour faire trempette tranquillement. Sésame, ouvre-toi !

Pour une vingtaine de gressins
et un bol de houmous
Préparation : 30 min
Repos : 1 h
Cuisson : 15 min

## INGRÉDIENTS
*Pour les gressins*
– 1 sachet de levure de boulanger
– ½ c. à c. de sucre blond en poudre
– 250 g de farine
– 1 c. à s. d'huile d'olive
– Graines de sésame
  (environ 5 c. à s.)
– ½ c. à c. de sel

*Pour le houmous*
– 1 citron
– 250 g de pois chiches en conserve
– 3 c. à s. de purée de sésame
  (tahini)
– 6 c. à s. d'huile d'olive
– 6 c. à s. d'huile de tournesol
– 2 gousses d'ail
– 1 c. à c. de cumin en poudre
– Sel et poivre

## RECETTE
*Pour les gressins*
Tout d'abord, réhydratez la levure de boulanger dans 125 g d'eau tiède avec le sucre. Mélangez la farine et le sel dans un saladier. Faites un puits. Versez-y le mélange eau, levure et sucre et ajoutez l'huile d'olive.

Commencez à mélanger avec une cuillère, puis allez-y avec les doigts. Si c'est vraiment trop collant, ajoutez un peu de farine. Pétrissez pendant 10 min et laissez reposer la pâte couverte avec un torchon propre pendant au moins 1 h.

Au bout de ce temps, préchauffez votre four à 180 °C (th. 6) et étalez la pâte au rouleau sur votre plan de travail. Découpez-y de longues bandes, saupoudrez de graines de sésame, formez de fins boudins et roulez-les encore dans les graines de sésame. Déposez vos gressins sur une plaque recouverte de papier sulfurisé et enfournez pendant environ 15 min en surveillant bien la cuisson ! Laissez refroidir et à vous les trempettes dans le houmous !

*Pour le houmous*
Pressez le jus du citron. Égouttez les pois chiches. Mixez les pois chiches, le jus de citron, la purée de sésame et les huiles, jusqu'à obtention d'une belle crème onctueuse.

Ôtez la peau des gousses d'ail. Écrasez-les au pilon. Ajoutez l'ail et le cumin dans le mixeur. Mixez de nouveau. Goûtez, salez, poivrez et rectifiez l'assaisonnement. Mixez de nouveau. Mettez le houmous dans un bol et réservez-le au frais jusqu'à l'heure de l'apéro ! Vous pouvez faire griller quelques pignons de pin à sec et les disposer sur la crème pour la déco !

**Whaou !**
Vous pouvez aussi parfumer le houmous avec du piment, ou avec d'autres épices qui vous sembleront agrémenter convenablement cet apéro !

# L'ATOMIQUE,
## BONNE SAUCE ROUGE ET SUCRÉE QUI ARROSE LES COQUILLETTES

Ah, la bonne sauce rouge bien sucrée ! Elle servait à customiser une assiette tristounette du dimanche soir. À faire un volcan dans une platée de riz, à noyer des pâtes dans une coulée rouge… Une vraie source de création artistique et gastronomique pour les enfants ! Pour rejouer à tout cela ou juste profiter d'une douceur à la tomate, on vous a concocté une sauce sacrément bonne, à fabriquer avec les tomates du jardin et des ingrédients très simples.

Pour 2 bocaux
Préparation : 10 min
Cuisson : 1 h

## INGRÉDIENTS
– 1 kg de tomates bien goûteuses
– 2 oignons
– 1 échalote
– 1 c. à s. d'huile d'olive
– 80 g de sucre roux en poudre
– 8 c. à s. de vinaigre
– Piment en poudre
– Sel et poivre

## RECETTE
Enlevez la peau des tomates. Pour cela, faites bouillir de l'eau dans une petite casserole. Piquez une première tomate à l'aide d'une fourchette et trempez-la dans de l'eau bouillante pendant une dizaine de secondes, jusqu'à ce que la peau se fende. Sortez la tomate de l'eau et enlevez la peau avec un couteau : ça ira tout seul !

Déposez la tomate dans une passoire et faites la même chose avec ses copines. Ensuite, coupez les tomates en quatre et enlevez les pépins. Déposez ces tomates désormais sans peau et sans pépins dans une casserole. Épluchez les oignons et l'échalote, puis hachez-les finement. Mettez-les aussi dans la casserole. Ajoutez l'huile d'olive et faites mijoter le tout à feu très doux pendant 30 min.

Mixez le mélange au mixeur plongeant (ou dans un blender, mais ça vous fera plus de vaisselle…). Remettez à feu doux avec le sucre, le vinaigre et quelques pincées de piment. Mélangez bien et laissez mijoter pendant encore 30 min. Salez et poivrez selon votre goût.

Versez la sauce dans des bocaux ou des pots à confitures (préalablement ébouillantés pour une meilleure conservation !). Conservez-la pendant quelques semaines au réfrigérateur.

**Hoho !**
Une recette à faire en été, bien sûr !

# PRODUITS FRAIS

# LES DANDINANTES,
## CRÈMES-DESSERTS À LA VANILLE, PAS QUE POUR LES FILLES

Ah, les crèmes-desserts ! Tellement délicieuses qu'on léchait les pots jusqu'à la dernière goutte. L'alternative cruciale consistait à se décider entre vanille et chocolat. Choisis ton camp, camarade ! Un choix manichéen qui nous définissait un peu dans la famille… Allez hop, levez-vous, vous pouvez aujourd'hui fabriquer cette crème-machine à souvenirs dans votre cuisine !

Pour 6 petits pots
Préparation : 10 min
Cuisson : 1 h 5 min

## INGRÉDIENTS
– 70 g de sucre blond en poudre
– 1 litre de lait demi-écrémé
– 1 gousse de vanille
– 6 c. à s. rases de fécule de maïs
– 1 c. à s. bombée de crème fraîche
  épaisse

## RECETTE
Mélangez le sucre et le lait dans une casserole, puis déposez-y la gousse de vanille coupée en deux et fendue. Portez le mélange à ébullition sur feu vif (attention à ne pas laisser déborder !), puis baissez le feu et maintenez un tout petit bouillon pendant 1 h.

Mélangez et surveillez de temps en temps. Le lait va changer un peu de couleur, il va passer du blanc-blanc au beige-jaune. Il va s'évaporer, c'est normal, ça fera comme du lait concentré ! Au bout de 1 h, enlevez la gousse de vanille.

Mélangez la fécule de maïs et 6 cl d'eau dans un bol. Ajoutez quelques cuillerées à soupe de lait chaud sucré et mélangez bien. Ajoutez plus de lait chaud peu à peu, tout en continuant à mélanger ; il ne faut pas que la fécule fasse de grumeaux. Remettez le tout dans la casserole, mélangez bien au fouet et faites cuire pendant quelques instants après la reprise de l'ébullition. La crème va s'épaissir.

Versez ensuite la crème dans un saladier et ajoutez la crème fraîche. Laissez refroidir. Mélangez au fouet de temps en temps pour casser les peaux qui vont se former. Une fois la crème refroidie, versez-la dans des petits pots et mettez-les au frais !

**Variante caramel !**
Remplacez simplement les 70 g de sucre blond et la gousse de vanille par 300 g de sucre roux en poudre, vous obtiendrez une belle couleur et un bon goût de caramel.

# LES RIANTS,
## CRÉMEUX ET TRÈS GOURMANDS RIZ AU LAIT TOUT BONS, TOUT BLANCS

Pour être régressif, ce riz au lait l'est sacrément. Peut-être est-ce son côté plein de bon lait et de calcium ? Ou son goût vanillé et sucré ? Ou sa délicieuse texture crémeuse, onctueuse, qui fond dans la bouche ? En tout cas, ce petit dessert est facile comme tout à préparer, il suffit juste de s'y prendre un peu à l'avance !

Pour 6 pots
Préparation : 5 min
Cuisson : 1 h
Repos : 3 h

### INGRÉDIENTS
– 1 litre de lait
– 100 g de sucre en poudre
– 1 gousse de vanille
– 100 g de riz à grains ronds
– 2 jaunes d'œufs

### RECETTE

Faites bouillir le lait dans une casserole avec le sucre et la gousse de vanille fendue dans le sens de la longueur. Baissez le feu avant que le lait ne s'échappe ! Ajoutez le riz. Faites cuire à feu doux pendant 1 h, en remuant toutes les 10 min environ à l'aide d'une cuillère en bois.

Quand le mélange est bien crémeux, ôtez la casserole du feu. Enlevez la gousse de vanille. Battez les jaunes d'œufs dans un bol et versez-les dans la casserole. Mélangez bien à l'aide d'un fouet. Remettez à cuire à feu moyen pendant 5 min, sans cesser de remuer au fouet.

Versez dans des petits pots. Quand ils auront refroidi, laissez-les au réfrigérateur pendant au moins 3 h.

**Miam !**
Ajoutez dans ce riz au lait
des pralines roses…
Un délice !

# LES FLAMBOYANTS,
## FLANS NAPPÉS DE CARAMEL À GOBER DISCRÈTEMENT AU DESSERT

C'est drôle de faire danser dans son assiette un flan nappé de caramel, tout tremblotant.
C'est plutôt marrant de gober discrètement son dessert, et de parler COMME-CHA
jusqu'à ce que l'entremets soit entièrement avalé. Pour couronner le tout, n'ayons pas peur
des mots, ce petit flan est trop bon : son délicieux goût de caramel et sa texture fondante sont
extrêmement régressifs…

Pour 5 flans
Préparation : 10 min
Cuisson : 10 min
Repos : 2 h

## INGRÉDIENTS
*Pour le caramel liquide*
– 250 g de sucre blond en poudre
– 1 c. à c. de vinaigre blanc

*Pour le flan*
– 50 cl de lait demi-écrémé
– 50 g de sucre blond en poudre
– 2 g d'agar-agar
– 2 c. à c. de fécule de maïs
– 1 c. à c. d'extrait naturel de vanille

## RECETTE
*Pour le caramel liquide*
Versez le sucre, le vinaigre et 5 cl d'eau dans une casserole. Mettez sur le feu et laissez bouillir. Tournez la casserole de temps en temps, mais ne touchez pas au caramel directement. Quand la couleur devient marron clair, autrement dit couleur caramel, enlevez la casserole du feu. Posez-la dans l'évier et ajoutez d'un coup 10 cl d'eau (il faut le faire dans l'évier, car ça peut éclabousser). Remuez en faisant tourner la casserole et remettez sur le feu jusqu'à reprise de l'ébullition. Ouf !

Disposez un peu de caramel dans le fond de petits moules à flan, de gobelets en plastique ou bien de pots en verre. Laissez-les au réfrigérateur. Mettez le reste du caramel dans un pot à confitures, il se garde bien et pourra resservir, par exemple sur des tartines ou pour un poulet au caramel…

*Pour le flan*
Dans une casserole, versez peu à peu le lait sur le mélange sucre, agar-agar, fécule de maïs et extrait naturel de vanille. Portez à ébullition et laissez bouillir pendant quelques minutes (arrêtez avant que ça ne déborde !). Laissez refroidir quelques instants. Versez le flan dans les moules caramélisés et laissez refroidir avant de placer au réfrigérateur pendant 2 h.

# LES MARRANTS,
## MOUSSES AÉRIENNES AUX BONS MARRONS D'ARDÈCHE

D'après une étude sociogourmande extrêmement approfondie, cette mousse légère
aux marrons provoque soit un rejet absolu (« Trop écœurant ! »), soit un fanatisme sans bornes
(« Le dessert de ma vie ! »). Il faut dire que sa texture légère, qui fond dans la bouche, a de quoi
plaire. Parmi les adorateurs, il y a ceux qui dégustent la chose à coups de petites cuillerées,
et ceux qui brassent le dessert vigoureusement, pour en faire une bouillie certes moins élégante,
mais bien plus gouleyante !

Pour 8 petits pots
Préparation : 20 min
Repos : 3 h

## INGRÉDIENTS

– 4 œufs
– 250 g de mascarpone
– 500 g de crème de marrons,
  bien choisie au supermarché
  ou faite maison avec des marrons,
  du sucre, de l'eau et de la vanille !
– 1 pincée de sel

## RECETTE

Séparez les blancs des jaunes d'œufs. Battez les jaunes avec le mascarpone.
Ajoutez la crème de marrons et continuez à battre pour obtenir une jolie
crème.

Mettez la pincée de sel dans les blancs et battez-les en neige bien ferme.
Incorporez délicatement ces blancs au mélange précédent à l'aide d'une
cuillère en bois, petit à petit, pour ne pas casser les blancs en neige. Tournez
doucement pour que le mélange soit homogène, mais pas trop, sinon tout
va retomber !

Versez ce mélange dans des petits pots. Laissez prendre au frais pendant au
moins 3 h avant de déguster…

**Le saviez-vous ?**
La châtaigne est le fruit comestible de certains châtaigniers. Le marron aussi, mais en plus beau gosse : le fruit est gros, rond et non cloisonné. En revanche, le marron d'Inde n'est pas comestible… On le trouve sur les arbres citadins.

# LES VIRTUOSES,
## CRÈMES AU CHOCOLAT QUI FONT VALSER LA CHANTILLY

Qu'ils viennent d'Autriche ou pas, ces pots enchantent notre rayon produits frais, telle Cendrillon venant illuminer la salle de bal. Une épaisse couche de crème fouettée tourbillonnant sans fin, surmontant une crème forte en chocolat. Un péché mignon, en quelque sorte… Mettez-le très vite dans votre chariot imaginaire !

Pour 6 généreux pots
Préparation : 10 min
Cuisson : 10 min
Repos : 3 h

## INGRÉDIENTS

*Pour la crème au chocolat*
– 3 c. à s. rases de fécule de maïs
– 1 litre de lait
– 150 g de chocolat noir
– 75 g de sucre en poudre

*Pour la crème fouettée*
– 20 cl de crème fraîche épaisse
– 60 g de sucre en poudre

## RECETTE

*Pour la crème au chocolat*
Versez la fécule de maïs dans un saladier. Mettez le lait, le chocolat en morceaux et le sucre dans une casserole. Faites chauffer à feu moyen jusqu'à ce que le chocolat soit fondu. Versez ce lait chaud petit à petit sur la fécule de maïs, en mélangeant au fouet.

Ensuite, remettez le mélange dans la casserole. Faites chauffer à feu moyen sans cesser de remuer. Laissez bouillir pendant 1 min et stoppez le feu. Versez cette crème dans des petits pots. Mettez-les au réfrigérateur.

*Pour la crème fouettée*
Versez la crème fraîche et le sucre dans un saladier, puis placez-le au réfrigérateur ainsi que les fouets d'un batteur électrique. Vous avez presque 100 % de chances de réussir la crème fouettée si le matériel et les ingrédients sont bien froids !

Allez lire un roman pendant au moins 2 h. Revenez à la cuisine, sortez le saladier de crème fraîche et remontez le batteur électrique. Fouettez la crème jusqu'à ce qu'elle épaississe en crème Chantilly. Étalez une couche de crème fouettée sur chaque petit pot. Réservez le tout au frais pendant 1 h.

·

# BOISSONS

·

# LE TIMIDE,
## BON THÉ GLACÉ À LA PÊCHE QUI RAFRAÎCHIT L'ÉTÉ

30 juin, 16 h 20. Les grandes vacances… Ça y est, ENFIN les grandes vacances ! Avec tout ce qui y est associé. Le vélo, les shorts, les glaces, les nuits étoilées, la crème solaire, les beignets, les framboises, les cabanes… Mais aussi cette délicieuse boisson, un thé glacé à la pêche, qui rafraîchit l'été des enfants et des plus grands ! Refaites-le cette année : il suffit d'avoir sous la main des pêches bien goûteuses et quelques ingrédients du placard. À servir ultra-frais !

Pour 1 litre de thé glacé
Préparation : 5 min
Repos : 1 nuit
Cuisson : 10 min

## INGRÉDIENTS

– 2 pêches jaunes non traitées
  et bien parfumées
– 75 g de sucre en poudre
– 2 sachets de thé noir

## RECETTE

Lavez les pêches, dénoyautez-les et coupez-les en dés, sans enlever la peau. Mettez-les dans une casserole avec le sucre et 1 litre d'eau. Faites chauffer à feu moyen. Quand le mélange bout, comptez encore 5 min.

Retirez du feu, puis plongez les sachets de thé dans le mélange. Laissez infuser pendant une dizaine de minutes, puis retirez les sachets. Ensuite, laissez reposer pendant 1 nuit pour que le parfum des pêches imprègne bien le liquide.

Filtrez et versez dans une carafe ou une bouteille. À servir bien frais avec des glaçons !

**Hé, hé !**
Les pêches, une fois ôtées du liquide et égouttées, feront un délicieux dessert d'été !

# LE CANDIDE,
## BOISSON LACTÉE AUX FRAISES POUR VOIR LA VIE EN ROSE

Vous êtes plutôt de la génération Casimir ou de la génération Minikeums ? Là encore, peu importe, car cette boisson est intemporelle. Un lait-fraise parfait pour accompagner une session télévisée postjournée d'école crevante ou postjournée de travail, encore plus épuisante.

Pour 75 cl de boisson lactée
Préparation : 15 min

### INGRÉDIENTS
– 200 g de fraises
– 1 c. à s. de sucre vanillé
– 40 g de sucre blond en poudre
– 50 cl de lait demi-écrémé

### RECETTE
Lavez, équeutez et coupez les fraises en petits morceaux. Mixez-les avec les sucres. Ajoutez peu à peu le lait à cette purée et mélangez bien. Si vous avez un shaker à vinaigrette ou à cocktails, vous pouvez shaker comme un petit fou dans la cuisine.

Gardez au frais dans une bouteille en verre jusqu'à dégustation !

**Bonus !**
Bien sûr, laissez libre cours à votre imagination et tentez des variantes avec d'autres fruits mixés (framboises, poires, bananes…).

# LE SIFFLOTANT,
## SIROP QUI DONNE DES COULEURS À UN VERRE D'EAU

Souvent, les grands-parents, les taties, les tontons et autres ont une ou deux bouteilles de sirop en réserve. Parce qu'ils savent que les petits ne vont pas tarder à ramener leurs frimousses. Et parce qu'ils n'aiment pas trop les trucs chimiques comme ce soda marronnasse plein de bulles. Allez, vous êtes partants pour faire le même sirop que Tatie, en version aux fruits rouges ? Ça va swinguer dans les verres d'eau !

Pour 50 cl de sirop
Préparation : 10 min
Cuisson : 2 à 3 min
Repos : 2 h

## INGRÉDIENTS
– 450 g de fruits rouges
– 200 g de sucre en poudre

## RECETTE
Extrayez le jus des fruits avec les moyens dont vous disposez : un tamis, un extracteur… Vous obtiendrez environ 300 g de jus. Mettez ce jus avec le sucre et 20 cl d'eau dans une casserole. Laissez bouillir de 2 à 3 min, puis retirez du feu.

Versez dans une petite bouteille ou un pot. Attendez pendant au moins 2 h avant de vous siffler un sirop ! Ensuite, conservez au frais.

**Yummy !**
Ce sirop agrémentera volontiers
un fromage blanc.

# INVENTAIRE

# MERCI !

•

Nous sommes éternellement reconnaissantes à tout un tas de personnes vraiment super, géniales et tout à fait brillantes. Merci à tous nos « clients » de la première heure, tous ceux qui nous ont suivies, linkées, relayées, partagées, followées, et sans qui ce livre n'aurait jamais pu voir le jour ! Merci à Astrapi, Ginette Mathiot et James. Merci à nos éditrices et à tous ceux qui nous ont aidées dans l'élaboration de ce projet. Merci à Pauline, Berti et Margerie pour leurs précieux conseils. Merci à Juliette pour ces jolies photos. Merci à Laure et Sarah pour les petites tables. Merci à nos amis, colocs, copains, collègues et à tous nos chers testeurs, goûteurs bienveillants qui ont bien voulu prendre des kilos pour la bonne cause.

*Le petit mot de Lucie*
Merci à toute mon équipe, et tout particulièrement à Guillaume (chocophobe patient), à ma mère Dany (testeuse enthousiaste) et à mon père Rémy (expérimentateur effréné), à Paulo (fana de biscuits en forme de dinosaures) et à Justine (accro aux rochers gaufrette-coco), à Gabi (addict de pâte à tartiner), à Clémence (pour le secret tant convoité de la recette des coccinelles) et à la famille ! Merci à mes deux grand-mères super cuisinières. Merci aux amis de Boussy, Rumilly, Grenoble, Lyon, Paris et Santiago !

*Le petit mot de Mélanie*
Merci à toute mon équipe, et tout particulièrement à ma mère Marie-Claude (et son succulent lapin aux pruneaux), à mon père Dominique (et ses délicieuses brioches), à Grégo et Andréa (et leurs petits plats exotiques), à Élise et Nico (et le meilleur jus de pomme du monde), à Robin (et ses futurs gâteaux au chocolat) pour leur soutien, leur gourmandise et leur amour ! Merci à ma grand-mère (et son mythique pâté aux prunes), à Francette (pour mes premiers blancs en neige) et à toute la famille ! Merci à Aurélien (pour l'invasion de la cuisine), à Angélique, Camille, Chloé et Thomas (pour leurs regards et conseils). Et merci à tous mes amis de Longué, Saumur, Nantes, Paris, de France et de Navarre !

Merci de votre visite et à très bientôt !

P-S : retrouvez-nous là où l'aventure a commencé, sur le blog www.lasupersuperette.com !